LA MAGIA DE REINVENTARTE

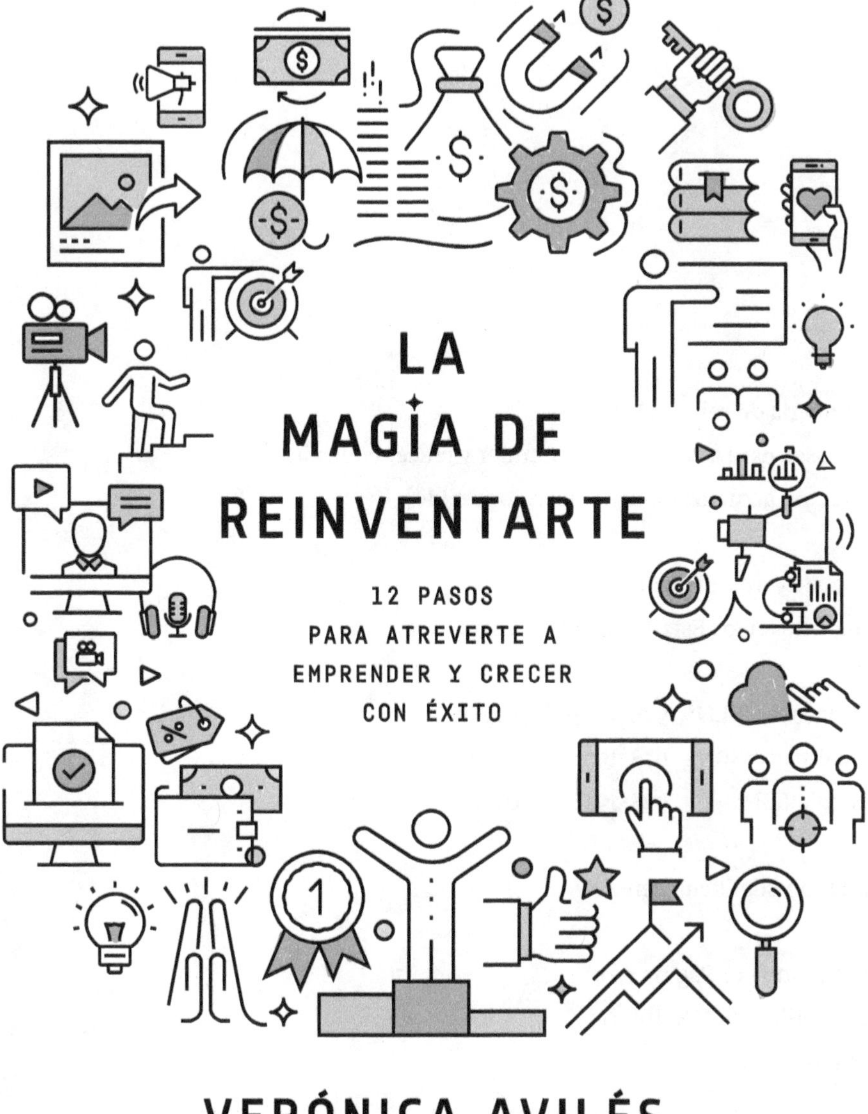

LA MAGIA DE REINVENTARTE

**12 PASOS
PARA ATREVERTE A
EMPRENDER Y CRECER
CON ÉXITO**

VERÓNICA AVILÉS

La magia de reinventarte

12 pasos para atreverte a emprender y crecer con éxito

(Edición actualizada con nuevo contenido)

© 2021 Verónica Avilés

Impreso en los Estados Unidos de América.

Hardcover ISBN: 978-1-956625-02-8
Paperback ISBN: 978-1956625-00-4
eBook ISBN: 978-1956625-01-1

Editado por Ofelia Pérez

Publicado por Página Azul
2071 NW 112 AV Suite 103
Miami, FL 33172

Ninguna parte de este libro puede ser reproducida o transmitida de ninguna manera o por ningún medio, electrónico o mecánico —fotocopiado, grabado, o por ningún sistema de almacenamiento y recuperación (o reproducción) de información— sin permiso por escrito de la casa editorial.

*"Somos responsables de encontrar
nuestro propósito de vida
y crecer sin límites,
para el beneficio de un mundo mejor hoy
y de las próximas generaciones".*

—Verónica Avilés

DEDICATORIA

*Dedico este libro a Isac Emmanuel Freytes Avilés,
por ser el catalizador para salir a emprender
y encontrar mi libertad. ¡Te amo, hijo!*

AGRADECIMIENTOS

Gracias Dios, por ser mi guía y dirección.

Gracias, hijo, Isac Emmanuel, por ser la gasolina de mi motor.

Gracias, madre, Irma Rosario, por ser mi inspiración.

Gracias, padre, Carlos Avilés, por ser mi eterno protector.

Gracias, hermano, Carlos Javier Avilés, por ser mi brújula, mentor y admiración.

Gracias, esposo, Emmanuel Freytes, por ser mi apoyo y consuelo.

Gracias a Ofelia Pérez, Xavier Cornejo y Editorial Página Azul por su ayuda y entrega a esta segunda edición actualizada de *La Magia de Reinventarte*.

Gracias a todos ustedes, lectores, por ser mi motivación para seguir cambiando vidas.

CONTENIDO

PARTE I
12 PASOS HACIA UNA VIDA INDEPENDIENTE Y LUCRATIVA

Prólogo 15
Introducción 17

PASO 1: Re-conoce que quieres más de la vida 21
PASO 2: Observa: ¿Quiénes te rodean? 35
PASO 3: La fórmula mágica es: ¡pensar! 45
PASO 4: Confía en ti 55
PASO 5: Desintoxícate de las distracciones 67
PASO 6: Establece prioridades y organízate 81
PASO 7: Prepárate para las críticas 91
PASO 8: Libérate del miedo 97
PASO 9: ¡Es hora de renunciar! 103
PASO 10: Vive la magia de reinventarte 115
PASO 11: Empresario para siempre 121
PASO 12: El reto de implementar algo nuevo 131

PARTE II
LAS POCIONES DEL ÉXITO

POCIÓN 1: Nunca lo sabemos todo 143
POCIÓN 2: Disciplina.................................... 145
POCIÓN 3: Constancia 147
POCIÓN 4: Madurez.....................................151
POCIÓN 5: Rodearnos de personas exitosas................ 153
POCIÓN 6: Introspección 157
POCIÓN 7: Enfoque 159
POCIÓN 8: Declarar y tener visión ante el éxito 161
POCIÓN 9: Mente de abundancia......................... 163
POCIÓN 10: Dar de lo que tenemos y ser agradecidos 165
POCIÓN 11: Autoridad................................... 167
POCIÓN 12: Acceso balanceado 169

Acerca de la autora 171
Conéctate con Verónica Avilés................................ 173

PARTE I

12 PASOS HACIA UNA VIDA INDEPENDIENTE Y LUCRATIVA

*"Mi poder lo tengo yo, lo tengo al alcance de mis manos.
¡Entiende que tú también lo tienes!"*
—Verónica Avilés

PRÓLOGO

Algunas personas lo llaman magia, yo lo llamo valor. Todos soñamos con tener mejores días y con vivir grandes vidas, sin embargo, no tenemos el valor de salir de la rutina de lo ordinario para vivir lo extraordinario.

En *La magia de reinventarte,* Verónica nos enseña que es posible tener una vida extraordinaria, que la *magia* se puede crear, pero tan solo cuando nos atrevemos a intentar. Verdadera fortaleza es la capacidad de reiventarnos aun cuando todo quiera desanimarnos. Este libro te animará y te impulsará a que te puedas reinventar. Verónica se reinventó y su mundo cambió y, en verdad, después de leer este libro, mi mundo también cambió.

Existe un dicho que reza, "cuando el estudiante está listo, aparece el maestro". Si estás leyendo esto, es porque estás en camino a vivir una gran vida y a escribir una gran historia. No sé si yo estaba listo o no cuando conocí a Verónica, pero ella se ha vuelto una gran maestra para mí, y estoy seguro de que será una gran maestra para ti. Ella es una artista para enseñar. Su forma de transmitir el conocimiento es tan sencilla, pero a la vez tan profunda. Verónica ha expandido mi manera de pensar enseñándome herramientas para volar.

Siempre me ha gustado soñar en grande, pero a través de este libro, Verónica me ha empujado a expandir los límites de lo que alguna vez pensé que era posible. Me llevó a creer que lo que pensaba imposible se puede alcanzar y que cada uno de nosotros tiene la capacidad de volar más allá de lo que puede imaginar.

Leer su historia me inspira, pero al mismo tiempo me desafía, y si algo no te desafía, no te desarrolla. Es por eso que *La magia de reinventarte* me ha ayudado a desarrollarme y me ha impulsado a crecer. Lo más importante de todo es que me hizo creer que puedo llegar más lejos y que puedo volar más alto.

Si alguna vez quisiste volar, pero te parecía que era imposible cambiar, *La magia de reinventarte* te enseñará cómo lo puedes lograr. Es una guía que paso a paso nos ilumina el camino y nos hace ver que desafiar la posibilidad nos puede llevar a una nueva realidad; esa es la magia de este libro. Es imposible leerlo y permanecer igual. Cada palabra, cada línea son una invitación a saltar, a crear, pero, sobre todo, para progresar.

La magia de reinventarte no es un libro para unos pocos escogidos. Es un libro para todos aquellos que creen en sus sueños; para todos aquellos que están dispuestos a luchar por todo aquello que se atreven a imaginar. Gracias, Verónica, por compartir tu magia, por enseñarnos tu valor y ayudarnos a llegar a un mañana mejor.

—Dr. Xavier Cornejo
Autor de La historia dentro de ti y El Puente

INTRODUCCIÓN

REINVÉNTATE, PERMANECE Y CRECE

"Vero, no sé para qué soy bueno; ¡tengo miedo!". "Quiero comenzar una empresa propia, pero ¿cómo lo hago?". "Quiero renunciar, tener libertad, pasar más tiempo con la familia. Sin embargo, ¿cuál es el primer paso?". "Tengo muchas ideas en la mente, ¿cómo me organizo?".

Estas y muchas más son las preguntas que me hacen constantemente por mensajes privados en mis redes sociales y correos electrónicos. Los leo, sonrío y contesto empáticamente porque esas fueron las mismas preguntas que me hice mientras me encontraba desesperada en una planta de tratamiento de agua donde ejercía como ingeniera ambiental.

Durante todo este tiempo como empresaria, mi historia de reinvención ha inspirado a miles de latinos alrededor del mundo que vieron mi salto como una oportunidad para ellos. En el mundo de los negocios es bien común escuchar la historia del empresario que un día dijo, "la universidad no es para mí". A medida que sigo en este campo y conozco más empresarios, me doy cuenta de que son muchos los que nacieron para ser emprendedores.

Pero esa no era mi historia; la mía era totalmente diferente. Yo había seguido la ruta que me habían dicho desde niña que era la perfecta, la que funcionaba: "Estudia, saca buenas notas, gradúate con méritos y busca un buen trabajo". Sin embargo, Dios tenía un propósito diferente para mí.

Un día encendí la cámara de mi celular y decidí contar mi historia. Era una ingeniera que por dos años estuvo aterrada, confundida, y que al fin había podido despedirse de ese ponchador. Sin la mejor dicción y con mucho nerviosismo iba relatando todo el proceso que tuve que realizar para poder renunciar. Ese video fue visto por más de 90000 personas en dos semanas, aunque yo tenía menos de 1000 seguidores en Facebook. ¡Era una locura! Recibía cientos de mensajes de doctores, abogados, ingenieros, enfermeros y otros profesionales que preguntaban a gritos cómo lo había logrado. Me contaban sus historias, sus frustraciones... Yo no tenía idea del impacto que provocaba mi historia para miles y miles de profesionales en el mundo.

Lancé el libro *La Magia de Reinventarte* en el año 2018, un año luego de mi reinvención. Siempre dije que cuando pudiera renunciar, iba a publicar un libro para ayudar a otros. Tenía que crear una guía donde todo aquel que no se sintiera cómodo donde estaba, buscara nuevas habilidades, se atreviera y emprendiera exitosamente.

Mi historia y los 10 pasos de mi primer libro (que ahora son 12) abrieron puertas en la televisión, radio, podcasts en Puerto Rico, Latinoamérica y Estados Unidos. Me preguntaban: "¿De ingeniera ambiental a vender productos por Internet? ¿Cómo es posible?". Y son más los que se suman en mi comunidad con la intención de "si ella pudo, yo también puedo hacerlo".

¡He visto y escuchado tantas historias asombrosas! Ingenieros vendiendo jabones; contables vendiendo t-shirts; abogados ofreciendo sus servicios a varios países; o amas de casa encontrando su pasión y creando un negocio *online* escalable. Todos están desde su hogar con solo dos herramientas principales de trabajo: computadora e Internet. Su mayor incentivo, aparte de la independencia empresarial y personal, es que a muchos de ellos su negocio les genera en un mes, el dinero que su empleo les paga en un año.

He trabajado con figuras públicas que han capitalizado sus marcas de manera exponencial y marcas exitosas que ahora expanden sus productos al mundo. Diariamente creo contenido en mis redes sociales, y motivo a las personas a que encuentren su propósito para el cual fueron creados. Les recalco que cada día no es uno más, sino uno menos, y que nos merecemos la vida que siempre hemos anhelado.

Muchos que leyeron *La Magia de Reinventarte* me decían, "siento que este libro lo escribí yo"; otros decían, "puedo escucharte mientras te leo"; y algunos, "lloré contigo, viví tu renuncia y espero poder vivir ese momento". No sé en cuál etapa te encuentras, no sé si llegaste a tomar en tus manos *La Magia de Reinventarte*. Quizás lo comenzaste y no lo terminaste; quizás lo leíste en su totalidad, pero no lo aplicaste...o quizás lo leíste, lo aplicaste, pero te quedaste con las ganas de algo más...de esa cereza encima del postre.

Quizás te preguntas…"Vero, y luego de reinventarme, ¿cómo me mantengo, ¿cómo permanezco en aquello que he descubierto? ¿Cómo me aseguro de que voy por buen camino y que todo este nuevo mundo que veo es parte del proceso empresarial? ¡No es que te he leído la mente! Es que lo viví y descubrí que la verdadera magia comienza cuando entramos al campo de batalla empresarial.

Todos llegamos como soldados rasos, pero la buena noticia es que tú tendrás un paso adelantado. Para eso he lanzado esta segunda edición, para no dejarte con las ganas de conocer los próximos pasos, aquellos que integrarás para que el éxito sea tu compañero de vida.

En esta versión actualizada quiero que entiendas la importancia de encontrar tu libertad, tener la responsabilidad de comprometerte y entender que debes vivir el proceso porque será la historia que tendrás para contar; esa historia que te hará tan único que podrás ayudar a otros.

Desde este momento, te invito a que te atrevas a vivir la magia de reinventarte, y aceptes el desafío a cambio de recibir resultados maravillosos que impactarán tu vida y la de los tuyos. Si todavía tienes dudas, si mi primer libro no te dio toda la valentía que necesitas, míranos; aquí estamos mi negocio y yo. Somos evidencia tangible de años de reinvención, crecimiento continuo, estabilidad, éxito y una expansión progresiva firme y sólida. El público lo ha visto y nos sigue. ¡Una experiencia impresionante y real, como puede ser la tuya!

No lo pienses más. ¡Toma acción! Tu momento de comenzar es ¡ya!

PASO 1

RE-CONOCE QUE QUIERES MÁS DE LA VIDA

Me gradué como ingeniera ambiental para el año 2012. Recuerdo cómo se me erizó la piel cuando nos dijeron: *"Por el poder...ya son ¡graduados!"*. Ver a mi mamá y a mi papá juntos después de tantos años desde su divorcio, y ver a mi hermano, fue sumamente importante para mí. Ese día celebraba uno de los mayores logros en mi vida con tan solo 23 años.

Al terminar la graduación, mi hermano, emprendedor de toda la vida, me dice: "Veri, ¿cuándo montamos la oficina?". Yo me reí y pensaba: "Este está loco. No me voy a meter en ese revolú. 'Hello', soy ingeniera. Mejor le trabajo a otro, consigo un buen salario y no tengo muchas responsabilidades". Así era mi mente, conformista y dirigida a buscar siempre lo que entendía que era más fácil. A pesar de que mi hermano y mi mamá tenían negocio propio, veía la ingeniería muy complicada como para poder ejercerla por mi cuenta. Entendía que la competencia era muy fuerte y para tener oportunidades de ganar proyectos debías ser considerablemente reconocido.

Con toda honestidad, opino que la universidad no te enseña a emprender, te enseña a ser empleado en este tipo de profesión. Te enseña que dos más dos son cuatro, pero no te enseña cómo desarrollar tu plataforma de negocio o, al menos, no te ofrece, como parte de los requisitos para la profesión, cursos que te permitan o motiven a ver la creación de un negocio como una alternativa. ¡Eso no existe! Por eso lo vemos como algo tan difícil y abrumador. Nos enseñan a tomar el diploma, crear un resumé e ir puerta por puerta solicitando empleo.

Ya luego de celebrar mi graduación, me dije un día: *"Y ahora, ¿qué es lo próximo?"*. Recuerdo que para los tiempos en los que me graduaba de escuela superior, las profesiones como leyes, medicina e ingeniería eran de grandes oportunidades y de alto salario. No estudié leyes porque mi mamá es abogada, por consiguiente, sabía que siempre estaba agotada trabajando con los problemas de otros y por eso no lo consideré como una alternativa. Siempre fui buena en las matemáticas, así que me fui por la ingeniería ambiental porque sabía que el cuidado del ambiente cada día es de mayor importancia en el mundo.

Además, pensé que podía tener mayor acceso a mejores oportunidades de empleo, pues no mucha gente estudiaba esa rama de la ingeniería. Para mi sorpresa, a medida que estudiaba en la universidad, me daba cuenta de que conseguir ese trabajo de buena paga no iba a ser tan fácil como pensaba. Reconocía las condiciones en las que estaba Puerto Rico. Mi isla vivía una de las crisis económicas más grandes de su historia. Las farmacéuticas comenzaron a cerrar, había muchos despidos de profesionales, la corrupción gubernamental abundaba, los impuestos para los ciudadanos eran más altos, y había reducción tanto de salarios como de beneficios: plan médico, días de vacaciones, días por enfermedad.

En fin, me gradué de una de las profesiones que se suponía que eran de las más especializadas y cotizadas por el mundo laboral, y en esos momentos iba decayendo apresuradamente. Las empresas que quedaban exigían muchos años de experiencia, y ¿cómo adquirir experiencia si nadie les daba la oportunidad a los principiantes? Si las daban, se aprovechaban de la falta de experiencia para pagarles el mínimo federal ($7.25/hr), con las mismas responsabilidades y tareas que cualquier otro con experiencia. Muchos profesionales se gradúan y después no consiguen trabajo, así que cuán agraciada fui, que luego de dos meses, conseguí empleo en lo que había estudiado y en la agencia gubernamental que se encarga de todo el tratamiento y distribución del agua en Puerto Rico.

DECEPCIÓN ANTE LA REALIDAD Y LA RUTINA

Cuando llegué al campo de trabajo, me di cuenta de que es un mundo completamente diferente a lo que te enseñan en la universidad. En el campo no estaban las ecuaciones diferenciales, el teorema de Lagrange y mucho menos el uso de la constante de Avogadro; ¡realmente *no sé ni para qué te las enseñan!*, pero, de todas maneras, estaba feliz y agradecida, pues había colegas graduados a quienes aún no se les daba una oportunidad.

Mientras trabajaba en la agencia, estudiaba para mi reválida porque entendía que era importante obtener la licencia de ingeniería para alcanzar un mayor nivel de profesionalismo. El examen para la reválida no fue fácil. Al buscar los resultados en la computadora, recuerdo que las piernas y las manos me temblaban. De momento, cuando observé ese "PASS", sentí una de las satisfacciones más geniales. Luego de tres meses de estudio, ¡al fin lo había logrado. pero: *¿Y ahora qué?*

Para mi sorpresa, tener la licencia no significaba nada, no es un aumento de $5 o $10 dólares la hora. Me di cuenta de que realmente es una meta personal. Pude ver cómo pasaban delante de mí personas menos preparadas que otras, cómo les daban la plaza vacante, solamente por conocer a alguien de mucho poder. En Puerto Rico, a eso le llamamos "tener un padrino". Tenía que acostumbrarme a la realidad del mundo laboral cuando eres empleado.

Dos años después, me casé, tuve un bebé y comencé a tener gastos; muchos gastos. Cuido, casa, pañales, guagua, pañales, agua y luz, pañales y más pañales. Podía pagarlo junto con mi esposo, pero, "wao, el dinero me da, pero no para ahorrar". En esos momentos, ganaba más que otros jóvenes de mi edad y muchos aún no habían conseguido trabajo, pero, aun así, no eran razones para quedarme donde estaba. A veces me sentía "malagradecida" con la vida porque, en el fondo, sabía que tenía el potencial para hacer y tener más.

Todos los días hacía lo mismo, una y otra vez. Llenar los mismos documentos, supervisar los empleados y llamarles la atención por lo mismo, velar por las condiciones del agua y todo esto por el mismo salario, que no se equiparaba a las grandes responsabilidades que tenía. Añádele a todo que la posibilidad de disfrutar del plan de retiro es casi ninguna. Las personas se ven obligadas a retirarse más temprano porque cada año el porciento de beneficio es menor. El fondo de retiro acumula un dinero que te descuentan mensualmente de tu cheque, por el que trabajaste por tantos años y que, cuando llega el momento de retirarte, el Gobierno te dice que no tiene ese dinero. ¿Puedes creerlo? Tampoco puedes decirle al Gobierno: "Pues no me quites nada y yo me encargo de guardar para mi propio retiro". No lo permiten. En resumen, a pesar de los años de estudio y, entre otros factores, el alto costo de vida en Puerto Rico, ¡un ingeniero revalidado recibe un cheque de solo $800 dólares bisemanal! Eso es menos de $11.00 dólares la hora, salario que ganan personas que no tienen esa preparación académica.

Mi puesto requería la firma de documentos que iban a ser enviados a agencias federales, como la Agencia de Protección Ambiental (EPA por sus siglas en inglés), y estatales, como la Junta de Calidad Ambiental (JCA). Cualquier error en data, falsificación de documentos o problema con calidad del agua, implicaba miles de dólares en multas, perder tu licencia y hasta cárcel. Profesionales que velan por el recurso más importante del mundo, ¡el agua!, dedican día a día su esfuerzo y análisis para que esa agua llegue en buenas condiciones a todos los hogares y los ciudadanos se la puedan tomar.

Nadie piensa en eso a la hora de abrir el grifo para lavar los platos, cuando se baña o le da sed. El agua no llegó a tus manos por arte de magia. Todo tiene un proceso de desinfección, una operación, un bombeo para que esa agua pueda llegar a tu casa. ¿Y qué me dicen del agua que utilizaste; la que usaste para lavar la marquesina de tu hogar, con la que te bañaste, con la que bajaste el inodoro?¿Qué sucede con esa agua?, ¿Se desvanece? No. Es agua que pasa por otros tratamientos adicionales. ¿Y quién piensa en eso?, ¿Quién trabaja con eso? Miles de profesionales en todo el país, que ganan un salario muy bajo y que cada día tienen más labores porque se sigue yendo personal, pero no contratan nuevo.

En Puerto Rico, los costos del agua, la luz, los alimentos, los peajes, la gasolina, es decir, los costos de todo suben a diario, pero no se espera un aumento de salario en el Gobierno por los próximos 15 años. ¡Es indignante! Me queda claro que hay muy buenos profesionales trabajando en las agencias de gobierno, con muchas ganas de servirle al país, pero todo lo antes mencionado los tiene deprimidos, con coraje y desilusionados. Muchas personas trabajan agotadas, quejándose todo el tiempo, molestas y haciendo sus labores porque es su responsabilidad y porque necesitan que ese dinero llegue a la casa, pero no porque verdaderamente les gusta o les apasiona. Si les gusta, se sienten desanimados e incómodos porque perciben que su trabajo no es valorado. Todo eso lo viví y lo sentí.

Me rodeaba de personas que aún están viviendo con esas emociones. Ese aspecto también era parte de la misma rutina. En eso se estaba convirtiendo mi vida, en una rutina. Parecía que vivía el mismo día una y otra vez mientras, en mi interior, me seguía consumiendo el desespero y la angustia de querer hacer algo distinto.

¡HASTA AQUÍ!

Hora y media de camino al trabajo, hora y media de regreso a mi casa, de lunes a viernes. Estaba en un trabajo 7.5 horas sin aprender nada nuevo. Yo me decía: "En estas horas podría estar haciendo otra cosa". Me daba mucho estrés. Lo primero que hice fue reconocer que algo me hacía sentir incómoda. Conocí compañeros de trabajo que no habían recibido un aumento de sueldo durante años, que no tenían una plaza permanente, que se ganaban quizás uno o dos dólares por hora más que yo, porque llevaban más de 15 años haciendo lo mismo. ¡De quince a dieciocho años haciendo lo mismo!

Me sentía desesperada y cuando veía los talonarios de cada quincena, me desesperaba más. Finalmente me dije: ¡Hasta aquí! ¡Yo necesito un cambio! Reconocí en ese momento que tenía que moverme de donde estaba. Eran momentos tristes y agotadores porque todo el tiempo pensaba en lo mismo. Estaba trabajando desmotivada, lloraba todos los domingos porque sabía que al otro día comenzaba una nueva semana. Contaba las horas que me faltaban para tocar ese ponchador y salir corriendo. A veces, a mitad de día, me iba a mi guagua a llorar de la frustración. Me sentía aterrada, atada, como prisionera. Muchas veces compartí con mis compañeros cómo me sentía. Algunos se sentían igual que yo y, sin embargo, me decían: *Es verdad, pero aquí estamos y aquí estaremos y esperaremos a que las cosas cambien o mejoren*. Pero no, yo no quería esperar. Sabía que, si quería un cambio, yo era quien tenía que hacer que "las cosas" sucedieran.

Este proceso no fue fácil. No fue como decir: *Hoy me levanté con ganas de ser emprendedora y voy a hacer esto*. Quería serlo, pero no sabía por dónde comenzar, qué podía hacer y me preguntaba: *¿Para qué soy buena?* Sabía que conseguir otro empleo donde pudiera hacer lo mismo no era una alternativa porque todos tenían la dinámica que mencioné anteriormente: muchas responsabilidades con el pago mínimo porque aún no tienes la experiencia o porque no estamos en los mejores tiempos para exigir un buen salario. Me atrevería a decir que un ingeniero principiante en este país tiene un salario muy bajo, a menos que seas hijo o un familiar del dueño de una compañía grande de ingeniería y te den una plaza privilegiada.

También consideré la posibilidad de irme del país, como muchos puertorriqueños están haciendo, pero aún no quería llegar a ese punto. Quería intentar abrir todas las puertas antes de alejarme de la familia, de los seres queridos, del calor de mi país, porque independientemente de lo que suceda en el Gobierno o en las empresas, Puerto Rico es un país, así mismo, un país rico. Tiene un calor humano que no se percibe en otros lados. Es mi hogar. Se disfruta, se vive bien. Es un país feliz. El problema no era solo el asunto económico, porque mi esposo tenía su buen trabajo, también necesitaba hacer algo que realmente me apasionara.

Hay personas, como mi hermano, que nacen con la habilidad de emprender, que saben que trabajar para otros no es una alternativa para ellas, que, desde el inicio y sin perder tiempo, les sacan provecho a sus habilidades y crean su negocio. Habemos otras que nos hicimos emprendedoras a lo largo de las experiencias vividas, y que, como decimos en Puerto Rico, *a cantazo limpio, con rodillas pelá's* comenzamos a reinventarnos.

Recuerdo que no podía dormir; de camino al trabajo pensaba en cómo podía generar más dinero. Era un pensamiento constante; 24 horas pensando de qué manera podía hacer algo que me gustara y que pudiera ganar más. Comencé a buscar por Internet todas las opciones posibles y a preparar listas para conocer mis habilidades y mis gustos. No me había dado cuenta de que ya estaba en el primer paso de convertirme en una emprendedora. Los emprendedores tienen esa mente abierta a conocer y hacer más. A no limitarse y a ponerse nuevos retos cada día.

A veces, la gente que conocía me decía: "Tú tan joven y ya eres supervisora de tantos empleados. Wao, tú conoces de todo eso"; y para mí no era nada del otro mundo. Como supervisora de operadores, ya sabía lo que tenía que saber y ahora quería aprender más, quería tener más, y, sobre todo, quería trabajar sin darme cuenta de que estaba trabajando.

DECÍDETE A TRABAJAR PARA TI

El reconocer que ya quieres trabajar para ti, que quieres tu libertad y tu tiempo, es esencial. Es como el disparo cuando comienza una carrera. ¡Ahora es que empieza lo bueno!, porque ese es el momento en que se despierta tu mente emprendedora. Sin embargo, cuando lo estás viviendo, aparenta ser el momento más aterrador porque tienes que decidirte a salir de la zona de confort sin saber cuál es el rumbo a tomar. Por un lado, piensas: "No quiero estar aquí, necesito hacer algo más en mi vida, y de inmediato te preguntas: ¿Y qué es lo próximo?, ¿cómo lo hago? Pero ¿para qué soy bueno?" ... y entramos en un mar de confusiones que nadie, ni nosotros mismos, entendemos.

Re-conocernos puede ser frustrante porque identificamos que no todo es color de rosa y que nada es como lo habíamos imaginado. Es un proceso de desilusión: *"¿Estudié para esto? Ya soy un profesional, ¿tengo o no tengo la necesidad de hacer esto?"*. Sin embargo, te tengo palabras alentadoras: si estás pasando por este momento, vas por buen camino. ¡Disfrútalo! Estoy segura de que ahora mismo no le ves razón para disfrutarlo porque es arduo, pero luego te darás cuenta de que tenías que pasar por este proceso para convertirte en quien serás. Te podría decir que el 40% de los mensajes que recibo a diario por el "inbox" de mis redes sociales son profesionales contándome sus inquietudes sobre el proceso. Me dicen: "Vero, me siento tan frustrada; quisiera hacer algo más"; "estoy tan confundido, pero qué puedo hacer" y muchos otros más. Mi contestación siempre es la misma: ahora no lo entenderás, pero es el proceso que tienes que pasar para tener una historia que contar; para luego con tu experiencia poder ayudar a los demás y valorar más en quien te convertirás. Esta es la etapa más importante del emprendedor, es la decisión de comenzar una nueva vida.

De aquí en adelante, comenzamos a pensar diferente, a ser distintos a los demás. Es como si una varita mágica nos tocara y ya somos otros. Nuestra mente se abre, vemos con más claridad y determinación. Ya todo comienza a tener sentido. Ahora vemos alternativas, posibilidades. Nos volvemos optimistas.

Si estás en este paso, quiero que estés tranquilo, fortalecido y feliz porque has comenzado a descubrir que tienes el potencial para ser quien quieras ser. No te preocupes ahora hacia dónde te dirigirás, eso lo descubriremos en el camino. Ya reconociste que necesitas un cambio y ahora hay que tomar acción.

Y quiero que sepas que no eres el único. Existe mucha gente allá fuera que está pasando exactamente por lo mismo que tú; tienen tus mismas inseguridades, miedos...yo también los tuve y aún en algunas etapas de mi emprendimiento me sucede. ¡No estás solo en esto! Y te lo expreso, porque mientras estaba en este proceso me sentía sola, llegué a pensar que yo estaba mal, que estas cosas solo me pasaban a mí. Ahora que tengo exposición ante miles y miles de personas, que tengo el privilegio de leer y escuchar tantas historias...pienso, "wao, cuántas personas pasando por lo mismo, a cuánta gente aún falta por ayudar". A la vez "wao, cuántas personas se han reinventado, antes y después de mi historia". Tú puedes unirte para seguir inspirando a otros. Dale con todo, recuerda que hay un mundo acá fuera esperando por tu talento.

CREA TU MAGIA

RE-CONÓCETE

Quizás, te identificaste al leer este paso, ya sea porque te has sentido como yo, porque deseas llegar al próximo nivel en tu vida profesional o porque quieres encontrar tus habilidades y hacer algo que te apasione. A continuación, te presento la sección *Crea tu magia* que encontrarás en cada paso. Son preguntas o ejercicios para reflexionar y descubrir.

Haz una introspección de tu vida. Escríbelo para que puedas *re-conocerte*.

- ¿Qué estoy haciendo en mi vida ahora mismo?
  _____
  _____
  _____

- ¿Me siento complacido?
  _____
  _____
  _____

- ¿Deseo hacer algo más?
  _____
  _____
  _____

- ¿Me siento feliz donde estoy?
  _____
  _____
  _____

- ¿Deseo estar aquí por más tiempo? ¿Cuánto tiempo?
  _____
  _____
  _____

- ¿Cómo me veo de aquí a 5 años?
  _____
  _____
  _____

- ¿Cuáles son mis metas a corto plazo?
  _____
  _____
  _____

- ¿Cuáles son mis metas a largo plazo?
  _____
  _____
  _____

¡Adelante!

PASO 2

OBSERVA: ¿QUIÉNES TE RODEAN?

Cuando me re-conocí, me dediqué a comentarle a todo el que me rodeaba cómo me sentía. Como era un pensamiento que tenía constantemente, vivía quejándome con los demás de la situación que estábamos pasando en el trabajo. Les hablaba a todos de la importancia de salir de donde estábamos. De que teníamos que arrancar, que no podíamos estar más años haciendo lo mismo; que el Gobierno cada día se iba a poner peor y ¿qué íbamos a hacer? Cada vez que llegaba el talonario, me burlaba de él e iba por toda la planta de tratamiento de agua halagando, sarcásticamente, lo que todos habíamos cobrado. Todos los días, hablaba de lo mismo. Pero no salía de ahí. No llevaba la palabra a la acción.

Una de mis debilidades es que confío muy rápido en la gente y, a veces, me trae problemas. Sin darme cuenta, tomaba a mis compañeros de trabajo como si fueran mis psicólogos y les contaba diariamente las frustraciones que tenía. Tuve compañeros que me animaban, me decían que yo podía lograr lo que quisiera, que era hábil y extrovertida. Recuerdo que bromeábamos con que íbamos a montar un carrito de almuerzos en la carretera. Había otros compañeros de trabajo que se sentían igual que yo. Se hacían las mismas preguntas: ¿Qué otra cosa podemos hacer?, ¿para qué somos buenos?

Tenía amistades fuera del trabajo que, aunque no hacían lo mismo que yo, también estaban pasando por situaciones similares. Estaban cansados de sus trabajos, algunos hacían lo que no les gustaba; otros, se sentían inconformes con su salario y otros querían salir de la rutina. La diferencia entre ellos y yo era que me había re-conocido, quería comenzar y estaba lista para actuar, pero no sabía cómo. Aunque ellos sí sabían que no estaban bien, no tenían ni la menor idea de que salir de donde estaban era posible.

Por otra parte, me estaba rodeando de personas que opinaban que se merecían el trabajo que tenían: *Estudié y ya conseguí trabajo en lo que me eduqué. No me pagan lo que merezco, pero no importa. El país está pasando una crisis económica y me tengo que ajustar a lo que está sucediendo en el país. Tengo que entender que soy parte de la crisis de Puerto Rico y tengo que conformarme con lo que hay.*

Un día llegué a escuchar una persona que se quejaba por el salario de los directores de la agencia. Yo le explicaba que el salario de los directores no estaba mal, aunque en Estados Unidos, a un director le pueden pagar hasta el doble. El problema no era lo que ellos estaban cobrando, el problema era lo que nosotros cobrábamos como gerentes y supervisores. La persona me contestó que no estábamos en Estados Unidos, que vivíamos en un país en crisis y que todos nos debíamos ajustar. Le respondí que esas no eran excusas, que nuestro aumento de sueldo estaba en la corrupción de nuestro país y en los jugosos contratos invisibles.

Observa: ¿Quiénes te rodean?

Así es como piensan muchas personas: *Tenemos que ajustarnos;* el *vamos a salir de esto, vamos a ver más allá, vamos a buscar más, ¡vamos a emprender!* no se acerca por la mente. Esa era la actitud a la que me enfrentaba todos los días. Estaba escuchando consejos de personas que no habían alcanzado lo que quería lograr. No lo tenían como una idea para su futuro. Sus prioridades no eran como las mías o el emprender no es parte de quienes ellos quieren ser. Quizás para ellos tener su propio negocio o salir de un trabajo de 8:00 am a 5:00 pm no era importante en esos momentos. *Para mí, el reloj continuaba corriendo y cada día era un atraso.*

En esta etapa, continuaba buscando información por Internet sobre cómo generar dinero adicional y así fue como encontré la cita de Jim Rohn, un reconocido autor y orador motivacional: "Tú eres la sumatoria de las cinco personas con las cuales más te rodeas". Cuando lo leí, pensé: "Wao, ¡qué importante! Eso es tan cierto". ¿No te ha pasado que a veces nos comportamos como nuestros mejores amigos, a veces hablamos como ellos, hacemos gestos como nuestros hermanos o nos reímos como nuestros padres? Sin darnos cuenta, opinamos como nuestra pareja de algún tema en particular, tenemos gustos acerca de alguna comida porque un compañero de trabajo lo come diariamente y así, sucesivamente. Todo porque estamos con ellos la mayor parte del tiempo.

No quería escuchar más quejas, ni de los demás ni las mías. Sabía que tenía que salir corriendo de ese ambiente ya. Entonces, comencé a observar detenidamente:

- ¿Quiénes son las personas que me rodean?
- ¿Qué tipo de personas son?
- ¿Cuáles son sus logros?

- ¿Cuáles son sus metas?
- ¿Quiero ser como ellos?
- ¿Quiero tener o lograr algo que ya ellos hayan logrado?

A medida que seguía haciéndome preguntas, iba analizando. ¡Me di cuenta de tantas cosas! No es que me tenía que alejar por completo de esas personas; no era que me tenía que desaparecer del mundo o del trabajo. Solo me di cuenta de que tenía que ser más selectiva a la hora de contar mis cosas, mis situaciones o por lo que estaba pasando. Tenía que ser muy selectiva a la hora de escuchar consejos y comentarios; es más, no escuchar ni compartir mis inquietudes con personas que no tenían los logros a los que yo aspiraba.

¿De qué me podía hablar una persona que no había logrado nada?, ¿Cómo podía entender por lo que estaba pasando?, ¿Me podría aconsejar correctamente? Es bueno tener amigos para pasar un día en la playa, ir de compras, comer o tomar un buen vino. Pero, cuando estás en la etapa de definir en qué vas a hacer tu negocio, debes preguntarte si esos amigos o compañeros de trabajo pueden ayudarte, y cómo.

Me di cuenta de las amistades y compañeros con los que contaba en mi vida. Descubrí que necesitaba personas, no solo para pasar momentos agradables, sino que me ayudaran a despertar mi creatividad y sacar el potencial que tenía escondido; con quienes compartir la mayor cantidad de horas al día, poder hablarles de mis sentimientos, frustraciones, ideas de negocios, que me dieran consejos y que me ayudaran a dirigirme. Estaba segura de que solamente lo podía hacer con personas que hubiesen alcanzado lo que yo quería lograr: el éxito y la libertad.

Observa: ¿Quiénes te rodean?

ESCOGE LA COMPAÑÍA DE
TU VIAJE HACIA LO MEJOR

Tan pronto descubrí la importancia de *quién me rodeaba* en este momento de formación y aprendizaje, comencé a hacer una lista de las personas que estaban a mi alrededor. También creé otra lista de las características que buscaba en las personas de quienes me quería rodear. Hice un *brainstorming* de quiénes tenían esas características y descubrí que ¡estaban más cerca de lo que pensaba! ¿Cómo no me había dado cuenta de eso? Una de ellas era mi hermano, Carlos Avilés.

Él ha estado emprendiendo desde que tenía 20 años y comenzó su propio negocio a sus 25. Actualmente, es uno de los jóvenes emprendedores más exitosos de Puerto Rico. A sus 30 años, ya era dueño de uno de los concesionarios de autos de mayor venta en el pueblo de Caguas. Es un hombre que habla de negocios todo el tiempo, de nuevas ideas. A todo quiere sacarle una idea de negocio. Su mente no para. Si al despedirte, le dices: "*Nos vemos, descansa*", él contesta: "*No. Descansaré cuando me muera*".

¡Fue el primero que me preguntó al graduarme que cuándo montaba la oficina! Estaba emocionada. Pensé: *Tengo que ser como él, quiero ser como él. Pero ¿cómo lo logro? ¿Cómo puedo hacerlo?* Fácil; comencé a llamarlo todos los días. Creé una rutina; si no lo llamaba yo, me llamaba él. Sin darse cuenta de lo que yo estaba pasando, me llamaba a contarme de este u otro negocio, del libro que había leído, de la página de Internet que había buscado, y yo iba anotando.

Entré a sus redes sociales. ¿De qué tipo de personas se rodea mi hermano?, ¿A quién sigue en las redes sociales? ¡Bingo! Entré a su página de Facebook y a quienes seguía eran emprendedores, empresarios, dueños de negocios, páginas de motivación, mentes millonarias, negocios. ¡Los añadí a todos! Llamada tras llamada, seguía aprendiendo, abriendo mi mente, viendo qué había más allá de lo que conocía, otros mundos por explorar, más por aprender. Confirmaba que la libertad sí existe y, también, que se puede hacer lo que nos gusta. Ahora que llevo años emprendiendo, veo un mundo que no había conocido en la agencia. En el trabajo solo veía crisis y frases como "no hay presupuesto", "no hay equipos" "no hay herramientas". Mientras, ahora veo las noticias y pienso "¿Qué mundo están viviendo los demás?". Porque diariamente yo veo cientos y cientos de nuevos emprendedores, creando grandes proyectos y generando miles de dólares en etapas donde otros solo ven crisis. Entro a las redes y solo veo logros, lanzamientos, citas motivacionales, bienestar, entre otros. Tú tienes el poder para decidir qué ver y de quién escuchar. Aún no sabía para qué era buena, pero ya había dado un paso hacia adelante.

Dejé los temas de frustración y de desahogo con mis compañeros de trabajo o con ciertas amistades. Imagino que habrán pensado que ya había desistido de esa idea de renunciar en algún momento. Comencé a ir a actividades de negocios, a hacer *networking*. A estudiar cómo pensaban ellos, cómo se expresaban, cómo veían la vida. Para ellos, crear un negocio ¡era tan fácil! Era algo tan normal. ¿Por qué todos siempre están tan sonrientes y positivos? La respuesta es simple: se levantan todas las mañanas a hacer algo que les apasiona. ¡Y esa es la magia! No viven de las quejas, viven de la acción. No ven problemas, buscan soluciones.

Observa: ¿Quiénes te rodean?

A veces nos pasamos la vida con personas a nuestro alrededor sin analizar cuánto contribuyen a ella, cómo nos ayudan a progresar. ¿Dime con quién andas y te diré quién eres? Iba entendiendo poco a poco ese refrán. Nuevamente, no es alejarnos de la gente que apreciamos, es solo que, en este momento de formación, de dirección, de descubrimiento, nos nutre estar alrededor de personas que podamos ver como nuestros guías, nuestros mentores, nuestra luz al final del camino.

He aprendido que, si tú eres el que más sabe, el que más ha logrado en un grupo, estás en el grupo equivocado. Me encanta pasar tiempo con personas que tengan más experiencia que yo: en liderazgo, mentalidad empresarial, ventas, dinero, espiritualidad. No tan solo para aprender, sino para recibir regaños y críticas. ¡Me encanta que me critiquen! Así puedo ver su punto de vista, qué cosas debo o no hacer, cómo puedo mejorar. He tenido colegas que me dicen: "Vero, ya yo estuve en esa etapa. Vero, tienes que descansar. No te metas ahí, te recomiendo que lo hagas de esta manera" y así sucesivamente.

Actualmente, acostumbro todos los viernes a ver a un amigo o colega, ya sea para almorzar, cenar o simplemente para tomar un chocolate caliente. Luego de sentirme sola por muchos años en el emprendimiento, mi coach me recomendó cultivar relaciones; separar un día a la semana para compartir con otros. Así es que cada viernes invito a un colega, líder, familiar o amigo y me enfoco en escuchar y no hablar. Me encanta mirarlos a los ojos, aprender de ellos, hacer preguntas...muchas preguntas. Me he dado cuenta de que se aprende escuchando y no hablando. Hablo tanto y tanto cuando educo a otros, que ese es mi momento para dejar que otros hablen y tomar notas. Saco lo mejor de ellos, quiero que me cuenten sus historias, sus logros y sus retos; y voy armando nuevos episodios y metas en mi cabeza. ¿Sabes cuánto he creado uniendo cada sabiduría de grandes líderes?

Mi hermano fue tan importante en esta etapa. Creo que él no tiene ni la más mínima idea de todo lo que despertó en mí en esos momentos. Ya me había metido en la cabeza que quería ser como él, que, si él lo pudo hacer, yo también podía. Quería pensar como él, quería actuar como él. Me refiero a que quería aprender de él, porque cada persona es como es. Tengo mis propios pensamientos, actitudes, prioridades y opiniones acerca de uno u otro tema.

Mi poder lo tengo yo, lo tengo al alcance de mis manos. ¡Entiende que tú también lo tienes!

No es que vas a dejar de ser tú para ser otra persona a la que admiras. Estas personas están para motivarnos a encontrar el potencial que tenemos y que muchas veces no vemos. Nos ayudan a salir de las quejas y a tener una mente más abierta a las oportunidades. Nos inspiran a ver que el día no se compone de trabajar de 8:00 a 5:00. Quizás, algunos días trabajas más horas que antes; pero tienes la satisfacción de que te has reinventado. Mi poder no lo tenía Carlos Avilés, él ya tiene su propio poder y lo demuestra diariamente en su negocio de autos. Mi poder lo tengo yo, lo tengo al alcance de mis manos. ¡Entiende que tú también lo tienes! Sé más selectivo al hablar tus preocupaciones o ideas de negocio y con quién pasar horas de plática. ¡Comienza a rodearte de personas exitosas; los cambios en tu vida te sorprenderán!

CREA TU MAGIA:

OBSERVA: ¿QUIÉNES TE RODEAN?

- Analiza quiénes son las 5 personas que te rodean diariamente. Pregúntate: ¿Qué tipo de personas son?
  _____
  _____
  _____

- ¿Cuáles son sus logros?
  _____
  _____
  _____

- ¿Cuáles son sus metas?
  _____
  _____
  _____

- ¿Quiero ser como ellos?
  _____
  _____
  _____

- ¿Quiero tener o lograr algo que ya ellos hayan logrado?
  _____
  _____
  _____

- ¿Cómo esas 5 personas pueden ayudarme?
  _____
  _____
  _____

- Escribe las características ideales que quieres encontrar en las personas que te rodean y en qué crees que te pueden ayudar.
  _____
  _____
  _____

- Comienza a seguir en las redes sociales a personas o páginas que puedan contribuir en tu formación.
  _____
  _____
  _____

PASO 3

LA FÓRMULA MÁGICA ES: ¡PENSAR!

A medida que estudiaba a los emprendedores y veía el estilo de vida que llevaban, iba aumentando mi afán de ser como uno de ellos. Tenía en la cabeza que quería emprender y sabía que tenía que hacerlo ya. Cada día, me pesaba más irme a trabajar. Sonaba la alarma y comenzaba a llorar. Iba por el camino estresada, ya anticipando un mal día de trabajo. Cada día tenía menos paciencia para trabajar con empleados o con los jefes. Entré en un momento de desesperación tan grande que estaba todo un día pensando en qué podía emprender. Eso me estaba consumiendo.

Mi mamá me decía a cada rato: *Vero, si tienes una idea de negocio me avisas, puedo ayudarte monetariamente para que puedas desarrollar lo que quieras.* Así que, ¿de dónde saco el dinero? no era el problema, al menos no por el momento; la ayuda estaba. ¡Es que no sabía qué emprender! Otras veces, mami también me decía: ¡Despierta hija, saca lo que llevas dentro!" y eso me creaba más presión. ¿Cómo otros podían ver en mí lo que yo aún no había visto?

Un día me llamó para decirme que me había pagado un seminario de una de las personas expertas en emprendimiento en Puerto Rico y fundadora de Inprende, Alessandra Correa. Fui al seminario bien positiva. Conocí muchos emprendedores importantes, cada uno contaba su historia. Luego, Alessandra Correa empezó a preguntar cuál era su idea de negocio a todas las personas que estaban allí. Yo estaba aterrada porque no sabía cómo comenzar un negocio; ni siquiera sabía en qué hacer mi negocio.

No sabía para qué era buena. No conocía cuáles eran mis habilidades, no creía en mí misma. Me decía: *Dios mío, que no me pregunte a mí*. Todo el mundo tenía ideas concretas de negocios y solo les faltaba ese empujón o dirección para comenzar. Creo que de ese seminario salí más traumatizada. Fue penoso tener que decirle a mami lo que sucedió y que no podía usar el cuaderno que me había comprado para el seminario porque era para personas que ya tenían una idea de negocio. Ella solo contestó: *Algún día lo utilizarás*. Ella siempre creía en mí. ¡Y lo llegué a utilizar! No solo eso; lo más grandioso es que ahora colaboro con Alessandra Correa. Educo y ayudo a sus empleados y soy parte de sus proyectos. Somos amigas, la considero una de mis mentoras. Nos llamamos, hablamos de nuestras ideas, almorzamos y hasta uno que otro halón de oreja siempre hay. ¿Viste cómo la vida da vueltas?

Comencé a hacer una búsqueda por Google sobre seminarios. ¡De lo que fuera! Quería ver qué estaba en el mercado. Recuerdo que me topé con un anuncio de clases de repostería. Pensé: *¡Ajá! Puedo ser repostera*. Me imaginaba montando una repostería con mi mamá. Haciendo dulces, bizcochos, cortando la cinta en la apertura de la repostería. Luego de haber finalizado toda la visualización, no hacía nada. No llamaba, no me orientaba, no preguntaba... porque realmente no había emoción. Esa emoción que nos da cuando estamos haciendo algo que nos gusta, esa electricidad y locura que no dejamos de hablar y pensar en ello. Eso no existía.

Veía seminarios de costura y ya me proyectaba siendo la próxima Carlota Alfaro. En fin, buscaba y buscaba, guardaba la información en una libreta, o les daba "screenshots" en mi celular para llamar después. Pero así se quedaba todo, en "llamo después". Incluso intenté trabajar para el concesionario de auto de mi hermano, pero los sábados es el día más fuerte de ventas y no quería dejar a mi hijo en otro cuido, más allá de los lunes a viernes.

Necesitaba hacer algo *urgente*, pero la desesperación me estaba cegando. Estaba pensando tanto en lo que quería lograr que no me tomé el tiempo para sentarme a pensar en mis habilidades versus lo que me gustaba. Sentarme a pensar cómo me gustaría estar de aquí a unos años más. ¡Pensar! He aprendido que los buenos pensadores resuelven problemas y buscan sus propias buenas ideas. Todo lo que tenía que hacer era sentarme a pensar. Así como había hecho cuando analicé con quiénes debía rodearme. Esa era la fórmula mágica: pensar.

Y pensar con una estrategia.

El pensamiento estratégico es un plan con una serie de pasos pensados que te dirige específicamente a alcanzar tu meta, maximizando tus fortalezas y acortando el camino. En esta etapa de pensamiento, nos preguntamos:

- ¿Qué es lo próximo?
- ¿Cuán enfocados estamos?

- ¿Esta idea que tengo en la mente es lo que verdaderamente me gusta?
- ¿Quiero salir de donde estoy porque esta nueva etapa me hará feliz?

¡Vive este proceso, pero vívelo de la manera correcta!

No es irnos a lo loco a explorar por el mundo. He visto cómo tomar adiestramientos se ha vuelto un "hobby". He visto personas de mi comunidad tomando adiestramientos aquí, un taller por acá, otro curso...y eso está bonito, pero si no aplicamos lo aprendido, si esto no se acerca al plan, a la visión, a eso que queremos que ocurra, estamos andando en círculos; caminando y llegando al mismo lugar. No te desesperes, recuerda que esto es un proceso. ¡Vive este proceso, pero vívelo de la manera correcta!

TAREA PRELIMINAR: DESCARTAR Y DESCUBRIR

Desarrollé dos listas: una, de mis habilidades y, otra, de las cosas y actividades que me gustan. Le preguntaba a mi esposo qué habilidades él creía que yo tenía y en dónde él me veía. Me ayudaba algo, aunque siempre me decía que yo era buena para todo, que era una persona muy hábil y que todo lo que me proponía lo hacía bien. A veces, esa contestación tan ambigua me desesperaba más porque quería algo más concreto; pero sí me ayudaba a poner en mi lista algunas habilidades que no conocía o que no me había dado cuenta de que tenía.

También le preguntaba a mi mamá. Ella sabía por lo que estaba pasando y, aunque no me lo demostraba, sé que, al verme angustiada, ella también lo estaba. Recuerdo que el día que terminé mi última clase de ingeniería, la llamé y con lágrimas en mis ojos le dije: ¡Mami, *terminé!*. Ella gritaba de la emoción: ¡Terminamos!. ¡En la graduación ella estaba tan contenta y muy orgullosa! Y yo estaba tan feliz de darle mi diploma, pues, como madre soltera, se había esforzado tanto para darnos una buena educación y siempre nos enseñó la importancia de estar educados.

Me acuerdo como si fuera hoy, cuando me decía que, de sus tres hijos, siempre fui la más independiente, la extrovertida, la líder. Ella me recordaba, por ejemplo, cuando de niña me seleccionaban de maestra de ceremonia en las actividades del colegio. A medida que ella me iba contando, yo iba anotando nuevas destrezas. La verdad es que la familia nos puede ayudar a encontrar esos eslabones perdidos.

En la lista de lo que me gustaba escribí enseñar, hablar en público, las manualidades, cantar, tecnología, mercadeo digital, leer y muchas otras cosas. En la lista de las habilidades puse las matemáticas, hablar en público, tecnología, entre otras. Pude notar que en ambas listas había ciertas cosas en común como leer, tecnología y hablar en público. Siempre me he visualizado hablando en público. De hecho, en el trabajo del que salí, me tocaba adiestrar a mi personal sobre diferentes temas. Nunca he sido tímida. Hay amigas que me han escogido para ser maestra de ceremonia en sus actividades, o me ha tocado el brindis en alguna que otra boda.

Ya comenzaba a despertar en mí esa curiosidad de hablar en público, pero sabía que, para poder hacerlo, tenía que saber con profundidad sobre algún tema. Pensé en la tecnología, todo lo que es mercadeo digital y manejo de redes sociales. Pasaba la mayor parte del tiempo aburrida en ellas, y pensaba: *¿Por qué no darles un uso más productivo a las redes sociales?*

Mi esposo era vendedor de autos y tuvo que hacer lo que se llama un *fan page* en Facebook para comenzar a promocionar sus vehículos. Un día le dije que me gustaría poder ayudarlo en el manejo de su página y él, con gusto, accedió. Comencé a buscar seminarios y talleres de manera *online* y presenciales, así como libros que pudieran ayudarme con el manejo correcto de las redes sociales en el ámbito de los negocios.

Para comenzar a ayudar a mi esposo con sus ventas, durante tres meses estuve asistiendo a varios seminarios presenciales que fueron de mucha ayuda. Seguí leyendo libros sobre el tema y aprendí mucho no tan solo de Facebook, sino también de Instagram, Twitter, WordPress, entre otros. Sin embargo, no me veía renunciando a mi trabajo para manejar redes sociales de negocios, aunque sí sabía que era una alternativa. El miedo y la desconfianza persistían en mí y era algo que tenía que comenzar a trabajar.

El miedo y la desconfianza persistían en mí y era algo que tenía que comenzar a trabajar.

Es importante que no dejemos que la desesperación nos controle. Recuerda que queremos encontrar hacia dónde dirigirnos. Estamos desarrollándonos como nuevos emprendedores en el proceso de descubrir nuevos caminos. Nos estamos reinventando y esta etapa es decisiva y muy importante. No queremos salir de algo para hacer otra cosa que no nos guste. Es importante que, si vamos a

La fórmula mágica es: ¡pensar!

dar los pasos, los demos firmes, con conocimiento del propósito y significado del paso que estamos dando.

CREA TU MAGIA

LA FÓRMULA MÁGICA ES ¡PENSAR!

¡No te desesperes! Deja las palabras y comienza a tomar acción.

Crea una lista de tus habilidades y otra lista de las cosas que te gustan. Luego, circula las que se asemejan. No importa cuán tonto te parezca eso que te gusta o esa habilidad, ¡anótalas todas! Sé lo más honesto posible contigo mismo. Busca en tu interior, piensa en tu infancia, en tu adolescencia.

Detente a pensar:

- ¿Cuáles eran los gustos que tenías desde pequeño?
  _____
  _____
  _____

- ¿Qué querías lograr cuando niño?
  _____
  _____
  _____

- Habla con tus padres, familiares, amigos, pareja. A veces, esas son las personas que identifican destrezas que no sabemos que poseemos.
  _____
  _____
  _____

- No te frustres si al comienzo no encuentras nada que te guste; es parte del proceso y recuerda que debes disfrutarlo.
_____
_____
_____

PASO 4

CONFÍA EN TI

Cada día, me iba dirigiendo hacia mi propósito y cada día estaba más asustada. Una de mis debilidades en esta etapa era que no confiaba en mí. Sentía que todo era muy difícil, que yo no iba a poder lograr todo lo que quería. Sin embargo, me impresionaba que las personas que me rodeaban confiaran más en mí que yo misma. Eso a veces me preocupaba aún más. Sentía que la gente esperaba mucho de mí. Mi familia siempre me ha visto como la joven extrovertida, disciplinada, valiente y sociable; creía que emprender para mí sería un pan comido. Mis amigos cercanos también me veían de la misma manera.

Todo el mundo me decía: *¿Cuándo arrancas?, ¿Cuándo renuncias? Tú sabes que hagas lo que hagas te va a ir bien. ¿Qué estaban viendo ellos en mí, que yo aún no veía?* Es que mi miedo #1 era saber que cuando trabajara para mí, no iba a estar ese cheque quincenal asegurado. ¿Te ocurre lo mismo? Yo sabía que tenía que trabajar por lo que quisiera cobrar ese mes. Eso me llenaba de pánico. *¿Y si no cobraba ese mes?, ¿Y si me iba mal?, Pero ¿si aún no sé lo que voy a hacer?, Si no consigo*

¿Qué estaban viendo ellos en mí, que yo aún no veía?

negocios para el manejo de redes sociales, ¿qué más voy a hacer?... Me seguía poniendo más y más presión.

A medida que tomaba adiestramientos presenciales, me daba cuenta de que no era tan difícil o complicado como pensaba. Veía a mis adiestradores y los estudiaba mientras ellos daban el curso. Me preguntaba: ¿Qué tienen ellos que yo no tenga? *Si ellos pudieron, ¿por qué yo no lo puedo hacer? Fíjate, yo a este tema le hubiese añadido esto o lo otro. Esto lo hubiese explicado de esta u otra forma...* Fui viendo el potencial de influencia que tenía dentro de mí.

Comencé a leer libros motivacionales, libros que me hablaban de la importancia de creer en uno mismo, del poder de la atracción que tenemos en nuestras manos cuando queremos lograr algo, la importancia de declarar las cosas como que ya estaban hechas, imaginárselas y darlas por realizadas. Entendí que es un principio bíblico y universal que si vemos las cosas que deseamos como si ya fueran nuestras, llegarán en el momento correcto. No podemos pensar en que no las tenemos; debemos pensar que las tenemos, aunque aún no las veamos físicamente. Es lo que me ha ocurrido en el desarrollo de mi negocio.

Gracias a mis servicios de manejo de redes sociales durante esos meses, mi esposo comenzó a vender de 15 a 18 autos al mes. Subió sus ventas como la espuma. La mayoría de sus clientes llegaban por campañas publicitarias realizadas en las redes sociales. Se estaban viendo los resultados de lo que había aprendido a hacer. Él se convirtió en el vendedor del año por la mayor cantidad de ventas en el primer aniversario de Avilés Auto (el concesionario de mi hermano).

A raíz de mis resultados, mi hermano me llamó para darme la oportunidad de que manejara las redes sociales de su concesionario. Con mucho miedo le dije que sí. Sabía que tenía una responsabilidad grande en mis manos. Era su negocio, su bebé, su vida, a lo que le había dedicado tanto. Comenzaría a manejar las plataformas más importantes para atraer personas al concesionario y convertirlos en clientes. Quizás, si no hubiera sido de mi hermano, me hubiera dado miedo. No solo tienes la presión encima de que esa persona está confiando plenamente en tu conocimiento y en tu trabajo, sino que, como es un negocio de familia, en caso de que no funcione, no solo tú te verías afectado, estarías afectando a tu familia.

Aprendí a no dudar y a actuar cuando sentía el impulso y mi intuición lo dictaba. Actuaba aunque tuviera miedo. Le dije que sí a mi hermano y comencé a la semana siguiente. Ese fue mi primer contrato como emprendedora. Durante ese tiempo, todavía trabajaba en la agencia gubernamental mientras manejaba las redes de mi esposo y de mi hermano. Todo a la vez. Iba al *dealer* los sábados, creaba el contenido semanal y estaba toda la semana atendiendo los mensajes de la gente y enviando la información de clientes potenciales a los vendedores de Avilés Auto. Ya mi esposo no trabaja vendiendo autos. Ahora es presidente de Neom Traders, academia online especializada en inversiones.

Hablar de la autoconfianza es algo que nos aterra. Siempre podemos decir: *Yo puedo lograr lo que quiera...* pero ¿verdaderamente nos lo creemos? ¿Verdaderamente lo vivimos? La autoconfianza es el corazón del emprendedor. Determina quién eres tú. Es la que te atrasa o te adelanta. Te debilita o te fortalece. Te detiene o te anima. Es una de las claves del éxito. Si confías en ti, no importa cuánto tiempo pase, seguirás cosechando éxitos. No importa las situaciones que te ocurran, no desesperarás porque reconoces que puedes encontrar soluciones. No importa que llegues al fracaso porque sabes que, si lo lograste una vez, lo puedes lograr una y otra vez. Así se comportan los grandes emprendedores.

Miren la historia de Steve Jobs, fundador de Apple, quien comenzó a trabajar desde su garaje y se convirtió en el magnate de la informática. La confianza puesta en sí mismo lo llevaba a seguir diseñando y probando nuevos equipos, aunque no tuvieran el resultado que esperaba. En 1985, fue destituido por la junta de directores de la empresa que él mismo fundó. Esto no lo detuvo. Creó y trabajó en otras empresas.

Cuando Apple estuvo a punto de la bancarrota, retomó su poder en el 1997. Steve Jobs reorganiza la empresa con nuevos equipos, desarrolla la iMac, iBook, iPod, el iPhone y la transforma en una de las empresas de más prestigio en los Estados Unidos. Él mantuvo su visión, conocía su empresa en su totalidad, confiaba en sus productos, en sus habilidades, en sus diseños, en todo su plan estratégico para llevar la compañía a ser reconocida mundialmente por su constante innovación tecnológica. En diciembre de 2009, Steve Jobs fue elegido director ejecutivo del año por la revista *Harvard Business Review* por «incrementar el valor de Apple en $150 mil millones en la bolsa de valores, en los últimos 12 años». En marzo de 2012, fue elegido por la revista *Fortune* como el mejor emprendedor de la historia moderna, seguido por Bill Gates. La autoconfianza es vida en el mundo de los emprendedores.

> La autoconfianza es vida en el mundo de los emprendedores.

Una de las cosas que más me ha impresionado en todos estos años es ver cómo hasta los más exitosos desconfían en algún momento de ellos mismos. He creado tiendas online para figuras públicas que tienen más de un millón de seguidores y a la hora de la verdad, en ese momento antes de lanzar la tienda online me dicen: "Vero, ¿crees que vendamos? Yo contesto: Pues claro que vas a vender, nos vamos a ir 'sold out', ya verás". En esos momentos me río y digo: "Todos somos iguales, en lo poco o en lo mucho, en lo simple o complejo, como principiante o experto" viene el impostor a atacarnos; a provocar que desconfiemos en nosotros.

> ¡Confía en ti, esa es la herramienta #1 que necesitas para alcanzar tus sueños!

¿Cuánto confías en ti mismo? ¿A ojos cerrados o abriendo un ojo como los niños pequeños? Me di cuenta de que la autoconfianza es una decisión. Decidí confiar en mí, decidí no ser mi propia enemiga. Decidí no dudar más y continuar con lo que me había comprometido: salir de donde estaba y desarrollar mi propio negocio. El miedo continúa y todavía, en ciertas actividades o nuevos retos, me da ese frío olímpico; es algo normal del ser humano. Pero ahora tengo la certeza de que no importa cuál sea la nueva etapa o proceso que atraviese, puedo con eso y más. ¡Confía en ti, esa es la herramienta #1 que necesitas para alcanzar tus sueños!

LAS IDEAS EN LOS DETALLES

Un día, mientras hablaba por teléfono con mi hermano, me dijo: ¡Hay tantas oportunidades de generar dinero desde la Internet! ¡Desde la comodidad de la casa o de cualquier parte del mundo!. Esa fue la primera vez que mi corazón saltó de la emoción, la primera vez que al fin escuchaba algo que me llamaba la atención. Estaba loca por terminar la llamada para comenzar a buscar alternativas de generar dinero desde mi hogar por Internet. Mientras él hablaba, mi mente dijo: ¡O, wao! Me visualicé en mi casa, trabajando en uno de los cuartos que tenía vacíos; buscando a mi hijo a la hora que quisiera y no tenerlo tantas horas en su cuido; trabajando desde una playa, aeropuerto, plaza o cualquier lugar del mundo después que hubiera Internet. ¡Eso fue fascinante!

Llegué esa tarde a mi casa, entré a Facebook y ¡bum! ahí estaba Gary Vaynerchuk, un emprendedor muy famoso, millonario, el autor más vendido según la revista New York Times, experto en el mercadeo digital y redes sociales. Su particularidad es hablar las cosas como son, sin ningún tipo de filtro. No le importa decir palabras obscenas siempre y cuando pueda llevar su mensaje con fuerza. Vi un vídeo en el que él decía: *"La persona que quiere ser rica, no lo es porque no le da la gana. Vivimos en la mejor etapa de la historia del mundo. En una era donde hay gente despierta 24 horas, los 7 días de la semana. ¡Sin parar! Conectados todos a la vez por la misma plataforma, la tecnología"*.

Continué viendo sus vídeos y todos hablaban del mismo concepto. En otro vídeo decía: *"¿Quieres hacer dinero en un fin de semana? Fácil. Ve a un supermercado, a un Walmart, busca artículos que están en especial. Verifica en cuánto se están vendiendo en Amazon o eBay. Cómpralos, revéndelos en esas plataformas y sácales una ganancia. ¡SIMPLE!"*. ¡Él tiene una autoconfianza a otro nivel! En otro vídeo opinaba: *"La universidad te enseña a ser empleado. El dinero está en la calle, al alcance de una computadora e Internet"*. Y así seguía viendo uno y otro vídeo más. Estaba volviéndome como loca, pero de la emoción. Me dije: *Tengo que aprender a generar dinero desde mi casa. Debo continuar con el manejo de redes sociales de negocios, pero tengo que poner más huevos en otras canastas.* Ya me estaba dirigiendo al mercado que quería.

Comencé a buscar por la Internet, "maneras de generar dinero desde el hogar". Recuerdo que leí la alternativa de llenar encuestas, me afilié a ciertas compañías, pero las encuestas no pagaban para retirarte de tu actual empleo y no siempre había encuestas. Continué buscando alternativas. En ese momento, me enfoqué en mantenerme aprendiendo del manejo de las redes sociales en lo que descubriría mi oportunidad. Ya no me desesperaba, iba caminando poco a poco e iba dejando que las cosas fueran paso a paso. Una amiga me decía: "*Vero, tranquila, cada día tiene su afán*". Y eso es verdad.

A veces vemos las ideas en un abrir y cerrar de ojos. Les llamo "los pequeños detalles". Por ejemplo, cuando estás en la farmacia o en el supermercado y ves una revista, de momento te llama la atención un artículo, vamos a decir que de costura. Presta mucha atención a ese tipo de detalles, quizás esa sea la chispa que enciende tu idea de negocio. Nuestro día a día va tan de prisa que no nos percatamos de detalles como algún anuncio en la televisión o en la radio, una noticia o promoción en un periódico.

Por otro lado, piensa en alguna habilidad o pasatiempo que tenías cuando eras adolescente; por ahí puede haber algo. A veces tenemos un negocio familiar en nuestro entorno, pero por no querer hacer lo mismo que la familia, no nos damos la oportunidad. Quizás podemos comenzar con ellos y luego terminar independizándonos. Las ideas pueden venir de cualquier parte y en cualquier momento: en una conversación con un amigo y hasta por una necesidad nuestra o de personas que conocemos. Cuando doy seminarios para que las personas puedan generar dinero desde su casa con la creación de su tienda virtual y vender sus productos en cualquier parte del mundo, la parte más difícil para ellas es tener la idea de qué vender. Algunas se quedan sin arrancar a pesar de que saben cómo montar su tienda virtual.

Tengo estudiantes que me han compartido cómo los productos de sus tiendas online han surgido o han sido creados debido a una enfermedad de sus padres o de sus mascotas. Otros por un viaje que realizaron y encontraron un producto innovador para inspirarse. Estas ideas pudieran venir por algún artículo, producto o servicio que quisimos conseguir y nos dimos cuenta de que en nuestro país no existe, o el que existe, necesita una actualización.

Existe diversidad de personas o empresas que nos enseñan cómo desarrollar un negocio, pero muy pocos nos hablan de cómo desarrollamos esa idea para formar el negocio. ¡Esa es la interrogante más importante para el emprendedor! *Quiero salir de donde estoy, pero ¿qué puedo hacer?* Personalmente, esa fue la parte del proceso que más me agobió. Sin embargo, cuando en esa llamada mi hermano me dijo que generar dinero por Internet desde mi casa era una alternativa, automáticamente "se me prendió la bombilla del cerebro". Esa simple llamada de minutos me convirtió en quien soy en estos momentos.

Cuando menos lo imaginas, la idea de tu negocio llega como por arte de magia.

Presta atención a esos pequeños detalles, tus necesidades o las de alguien que conozcas porque, cuando menos lo imaginas, la idea de tu negocio llega como por arte de magia. Cuando tengas esa idea, créeme, que lo demás será más fácil.

CREA TU MAGIA

CONFÍA EN TI

Pregúntate:

- ¿Cuánto confío en mí mismo? ¿Mucho o poco?
  _____
  _____
  _____

- ¿Quién soy y qué quiero lograr?
  _____
  _____
  _____

- ¿Qué he logrado u obtenido en estos momentos?
  _____
  _____
  _____

- ¿Cuáles son mis fortalezas y debilidades? ¿Cómo puedo mejorar esas debilidades?
  _____
  _____
  _____

TU IDEA DE NEGOCIO

Desarrollemos esa idea de negocio. Contesta las siguientes preguntas que te ayudarán a encontrar el camino hacia dónde dirigirte.

- Piensa en un producto/servicio que te guste, algún pasatiempo o producto/servicio que conozcas.
  _____
  _____
  _____

- ¿Qué has comprado o qué servicio has recibido recientemente que te llamó la atención o que entiendes que puedes mejorar?
  _____
  _____
  _____

- Analiza qué necesidades has tenido tú o personas que conoces, y piensa cómo puedes satisfacerlas.
  _____
  _____
  _____

PASO 5

DESINTOXÍCATE DE LAS DISTRACCIONES

¡Estaba feliz, más determinada que nunca! Por primera vez había encontrado algo que me gustaba y no quería que nada me detuviera o me distrajera de mi idea de negocio. Aún no tenía nada estructurado, no sabía hacia dónde dirigirme, pero ya sabía que generar dinero desde mi casa era lo que quería. No quería tener un negocio que requiriera un local, no quería tener que gestionar permisos muy complicados, quería trabajar desde la comodidad de mi hogar. Así que, ya sabes lo que hice: sentarme a pensar. Seguir buscando alternativas.

Durante ese proceso, me di cuenta de que tenía muchas distracciones, de que ciertas páginas de las redes sociales y los grupos de WhatsApp me estaban tomando mucho tiempo. Comenzaba a ver algo en Facebook y estaba desde 10 minutos ¡hasta 2 horas! viendo vídeos graciosos que se publican a diario. Si no, estaba en los grupos de *chat*, donde están todas nuestras amistades, escribiendo, charlando cómo les va el día, enviando memes y hablando de cualquier tema que estaba sucediendo en el país. Además, las series de Netflix me consumían demasiado tiempo. Comenzaba diciendo que iba a ver solo un capítulo y terminaba viendo tres o cuatro.

Entonces, me dije: *¡No, detente!* Si quieres comenzar a desarrollar una idea de negocio, tienes que salir de todas las distracciones. Yo misma me aconsejé. Nadie me lo enseñó y no lo leí en ningún lado. Me auto estudié y me di cuenta de lo que me estaba obstaculizando, me comprometí y tomé acción. Pensé:

Primero, las series de Netflix siempre estarán ahí, cuando mi negocio esté operando podré ver las series que quiera. Segundo, mis verdaderos amigos, los que me quieren, entenderán por lo que estoy pasando y no les molestará que me aleje un poco en lo que caigo en tiempo con mi negocio. Tercero, Facebook también estará ahí siempre. Cuando mi negocio esté corriendo, podré ver los memes y tomar el tiempo que quiera divirtiéndome con videos de chistes. ¿Y saben qué? ¡Lo hice! Me desconecté de esas distracciones en cuestión de segundos, luego de haber hecho ese análisis. Estaba tan decidida a desarrollar mi idea de negocio que no iba a permitir que nada ni nadie pudiera consumir el tiempo que tenía disponible para invertir en ello. Mucho menos ahora, que ya al fin había encontrado algo que me gustaba y que sabía que podía ser buena para eso.

> *Si quieres comenzar a desarrollar una idea de negocio, tienes que salir de todas las distracciones.*

Entré a mis redes sociales y le di *unlike* y *unfollow* (dejé de seguir) a todas esas páginas de entretenimiento que me encantaban, pero que admitía que me robaban mucho tiempo, quizás una, dos o hasta tres horas. Dejé de seguir artistas, figuras públicas de mi país que publican chistes o cualquier tontería en las redes todo el tiempo y que me causaban distracción.

Hice lo más fuerte: entré a mi *WhatsApp* del celular y me salí de todos los grupos en los que estaba: de compañeros de trabajo, amistades de años, amistades de mi esposo, entre otros. Sin dar explicaciones. Tal vez consideras que debí avisarles a los miembros que iba a salirme del grupo, pero no encontré necesario dar las razones por las cuales me iba a salir de un *chat* o aplicación de celular. Pensaba: *Esto es una tontería, realmente el que quiera saber de mí, que me escriba y listo.* Y sí, pasó lo que quizás estás pensando. Algunos entendieron mi decisión, pero otros la tomaron mal. Decían que era una estrésica, una *show girl.* "Ay ya, la más emprendedora", orgullosa, o que no sabía manejar varias cosas a la vez. No era que no sabía manejar varias cosas a la vez. Manejaba mi trabajo, las redes sociales de mi esposo, las de Avilés Auto, además del desarrollo de mi idea de negocio. Claro que hacía muchas cosas a la vez y podía hacer más, pero *las distracciones no son parte de este proceso.*

Les cuento esta historia para que sepan que esto va a pasar. En fin, cuando estamos en el proceso de desarrollo de un negocio, los verdaderos amigos se dejan ver. Hubo otros amigos que me preguntaron si todo estaba bien y pudieron entender felizmente lo que me sucedía y hasta me felicitaron por el gran paso. Cuando estamos en el proceso, no del desarrollo de nuestro negocio, sino del desarrollo de nuestra IDEA de negocio, es importante que nos apartemos de todo lo que nos pueda distraer.

Necesitamos entregarnos en cuerpo y alma a esa idea. Creer en ella y dedicarle el tiempo que se merece y que necesita para que pueda florecer. Enfocarnos claramente en nuestro objetivo y sacar de nuestra vida hasta la más mínima cosa que nos estorbe. En esta etapa somos primero yo, segundo yo y tercero yo. En este momento, aleja de tu vida todo lo que pueda desconcentrarte.

Vivimos en un mundo con tanta distracción que, si no ponemos un alto, el mundo nos sigue consumiendo y seguimos caminando en círculos, comenzando y llegando al mismo lugar. Empezar y no terminar. Este punto fue clave, vital, en mi proceso del desarrollo de mi idea de negocio.

Aleja de tu vida todo lo que pueda desconcentrarte.

Tengo que admitir que a veces no puedo creer cuán firme fui al tomar estas decisiones y en la nueva forma en que me animé a vivir. Porque tu forma de vivir cambia, literalmente, pero positivamente. Comienzas a tener el control total de tu tiempo. Dedicas tiempo para ti, para tu futuro. Encontré de dos a tres horas más al día para dedicar a mi idea de negocio. ¡Cuántas veces hemos escuchado el famoso *es que no tengo tiempo*! ¡Claro, si pasas horas en Facebook, Instagram, Twitter, Snapchat, WhatsApp, Netflix y mil cosas más! Me pongo mal cada vez que escucho esa excusa de algunos miembros de mi comunidad. Sí, para mí son simples excusas. Todos tenemos responsabilidades, algunos tenemos familia y todos vivimos en este mundo ajetreado. El que no tiene control de su tiempo, no tiene control de su vida. Y si no tienes control de tu vida, estás totalmente perdido.

Uno de los desafíos más grandes que he visto en mis estudiantes, colegas y otros empresarios es saber distinguir qué me distrae, qué me quita tiempo; pero mayor aún, cómo y cuándo decido detenerlo. De los grandes retos que he tenido y que alimentan las distracciones, son las interrupciones: ese mensaje de texto, la notificación de un nuevo correo electrónico, la llamada de un amigo que tiene "una duda super rápido", la canción que hay que cantar sí o sí, aquella que sonó en YouTube o en la bocina inalámbrica, el familiar que se aparece en tu oficina para hablar de la última cosa que desea comprar...y todas esas alarmas que parecen simples, pero nos distraen, consumen nuestro tiempo y evitan completar nuestras metas diarias.

El que no tiene control de su tiempo, no tiene control de su vida.

A continuación, quiero presentarte algunos puntos para evitar las distracciones e interrupciones:

1. Coloca en silencio tu móvil: esto te ayudará a no sentir mensajes de textos, llamadas que pueden esperar, notificaciones de redes sociales, entre otros.
2. Apaga las notificaciones de tu computadora: no queremos ver en estos momentos los nuevos correos electrónicos que nos llegan (contestarlos tendrá su momento), las actualizaciones de nuestros programas, entre otros.
3. Habla con los miembros de tu hogar (si emprendes o trabajas desde casa) y preséntales cuál será la señal: en mi casa, si mi esposo ve mi oficina con puerta cerrada, estoy grabando o produciendo algo que necesita concentración. ¡Eso es para él un "do not disturb!"; puedes también colocar una nota o simplemente establecer un horario de no interrupciones.
4. Usa auriculares. El sonido de la cortadora de grama del vecino te distrae. La música y las conversaciones de tus compañeros o familiares te interrumpen. Tienes

que aislar tus oídos para recibir esa gran idea que está por generarse, y escucharte solo a ti o alguna música que te inspire.

5. Tener un "post it note" con las 3 metas principales del día. Me encanta usar estas notas. Las pego en mi escritorio o en alguna esquinita de mi laptop. Esto me ayuda a reenfocarme en lo que deseo terminar sí o sí en mi día.

6. Ten a mano lo que necesitas para producir, ANTES de comenzar a trabajar. Ten tu agenda, tu difusor aromático con sus aceites aplicados, botella de agua, snacks, los auriculares, entre otros. Si una de estas cosas falta y la necesitas, cuando vayas a buscarla puede ser que te distraigas. ¿Te ha pasado que llegas a un sitio en tu casa u oficina y dices, qué era lo que iba a buscar? ¿Por qué estoy aquí? Esto se convierte en una excelente excusa para distraernos.

7. 5,4,3,2,1 GO!: Una de las distracciones son tus propios pensamientos. Estás escribiendo, creando y de momento piensas en el arroz que te toca comprar en la tarde y no quieres que se te olvide. Usa los "post it notes" que te indiqué en el punto 5 para que te sientas tranquilo y elimines ese pensamiento. Si el pensamiento es una preocupación, tensión o situación que en estos momentos no puedes resolver o controlar, te recomiendo lo que me enseñó Mel Robbins en su libro *The 5 Second Rule*[1]: Contar de manera regresiva 5,4,3,2,1 y cambiar el pensamiento.

---

1. Salvio Republic, Febrero 28, 2017.

El problema de las distracciones es que nos roban lo que para mí es lo más valioso: EL TIEMPO. Este se va y no regresa, es limitado y no perdona. ¿De qué otras maneras puedes controlar tu tiempo? Eso te lo contestaré en el próximo paso. Lo que te puedo decir por el momento es que no es tan difícil como parece. Comienza a eliminar tus distracciones, aléjate de todo lo que te consuma mucho tiempo y dedícalo a lo que verdaderamente importa en estos momentos. Luego, ya verás, podrás disfrutar lo que por el momento has puesto en pausa.

¡FUERA EL PENSAMIENTO CONFORMISTA!

No son muchas las personas que pueden entender las decisiones que debes tomar para encontrarte contigo mismo, especialmente si nunca han vivido la experiencia de desarrollar un negocio propio y, sobre todo, si tienen un pensamiento conformista. Hay quienes esta palabra les cae mal, también a mí. El término *'conformismo'* (acorde con o de conformidad con) es "la actitud de aquellas personas que aceptan sumisamente y con resignación cualquier circunstancia injusta o adversa. (...) el conformismo es una actitud negativa de aceptación de los acontecimientos cotidianos independientemente de sus cualidades positivas o negativas, sin ánimo de lucha".[2] Ser conformista es una manera de pensar y actuar. Esta actitud genera que las personas se mantengan en su zona de confort por temor al fracaso, a la innovación y a nuevos retos. Como empleada, conocí compañeros que diariamente daban el máximo para que el servicio y las metas de su compañía no se vieran afectados.

---

2. Consulta en línea, quesignificado.com.

Personas que estaban dispuestas a crecer y a aprender nuevas cosas cada día. He podido conocer también dueños de negocios que no han crecido o diversificado por temor a fracasar; y empleados que no se dan la oportunidad de aceptar una nueva plaza en su trabajo porque tienen que aprender nuevas tareas y significa nuevas responsabilidades.

El pensamiento conformista es un obstáculo para tu desarrollo, por ejemplo: *"Me mantengo aquí porque no es necesario crecer. Estar aquí es más fácil y menos trabajoso. No necesito tener más responsabilidades..."*. Es una conducta peligrosa, y pasar mucho tiempo con personas que muestran esta actitud es arriesgado. Puede limitarte y detener o evitar que logres tu meta y tu misión porque es lo que estás escuchando y viendo día a día.

El pensamiento conformista es un obstáculo para tu desarrollo.

¿Te imaginas dejar tus sueños por dejarte llevar por una persona que tenga un pensamiento conformista? ¿Recuerdas cuando te mencioné en el *Paso 2: Observa quién te rodea*, que tú eres la sumatoria de quienes te rodean? Mantén tu mente bien enfocada para continuar con tu objetivo a pesar de que en tu vida laboral o familiar te topes con esta mentalidad. Alejarte de la mente conformista es un consejo demasiado importante que tengo que darte. No podía pasar por alto este tema. Estoy segura de que algún día escribiré otro libro únicamente sobre la mente conformista y sus efectos.

Este tipo de actitud conformista es dañina para nuestro desarrollo de idea de negocio porque evita que veas la necesidad de aprender más allá de lo que sabes, de descubrir nuevos mundos,

Desintoxícate de las distracciones

de obtener nuevos retos y encontrar el potencial que tienes. Tenemos que ser bien cautelosos y es por esto que te aconsejo que identifiques y hagas una desintoxicación total de los pensamientos conformistas. ¡Yo les tengo fobia y puedo reconocerlos de arriba a abajo fácilmente!

Las personas hechizadas por pensamientos conformistas viven años quejándose de su trabajo o de lo que tienen, pero no se mueven porque es más fácil mantenerse en el mismo lugar, porque no han visto la posibilidad o porque no han querido buscar otras alternativas y arriesgarse a nuevos rumbos. Viven constantemente en una queja, en una crítica. Todo es una molestia, pero no buscan opciones para que funcione mejor lo que les incomoda. Incluso, ante los cambios, pasan las horas buscando lo negativo y tratando de lograr que los demás piensen como ellos.

A continuación, te presento 11 de las muchas frases que escucho de personas con mente conformista:

1. "Me quedo en esta plaza, no quiero más responsabilidades".
2. "Es más fácil, por eso me quedo donde estoy".
3. "No me gusta donde estoy, pero es lo que la Vida/el Señor/el Universo me ha dado".
4. "¿...a estas alturas de mi vida?, ¿yo irme a hacer otra cosa?".
5. "El dinero no lo es todo en la vida".
6. "Yo puedo vivir sin dinero".
7. "Los mejores momentos de la vida no se compran".
8. "Prefiero ser feliz y tener una vida plena que ser un millonario con una vida miserable".

9. "Tiene dinero y ya no es humilde".
10. "El dinero no enseña valores".
11. "Prefiero una familia unida, que una familia con dinero y alejada".

Esta es una de mis peleas en las redes sociales cada vez que veo publicaciones con mensajes de este tipo. ¿Se supone que me quede callada o que lo ignore? Es que no puedo. Me puedes decir, ¿qué tiene que ver el dinero con los valores de una persona? He visto personas millonarias que ayudan al prójimo y otras mezquinas; personas que tienen vacío el bolsillo, así como su corazón, y otras que dan y comparten lo poco que tienen.

El pensamiento conformista crea una gran confusión con el tema del dinero. Es como si tener más dinero es igual a ser más egoísta. ¿Por qué unir el dinero con las maneras de ser o los estados de ánimo? He visto gente pobre, feliz, y gente rica, triste; o viceversa. El dinero no te hace a ti, tú haces poco o mucho con el dinero que generes. Entonces, el pensamiento conformista engaña la mente del ser humano, quien, a su vez, se recuesta y se engaña a sí mismo para tratar de sentirse bien. Utiliza de excusa y relaciona el dinero con los valores, con la humildad, con el respeto y el amor.

¿Acaso hay que ser pobre para ser humilde? ¿Tengo que morirme de hambre y quedarme trabajando de 8:00 a.m. a 5:00 p.m., siguiendo instrucciones de un jefe para poder demostrar que tengo humildad? Harv Eker, en el libro *Los secretos de la mente millonaria*[3], da un ejemplo bien interesante: "*Por otra parte, la*

---

3. Editorial Sirio, Marzo 10, 2011.

gente pobre trata de validar su ineptitud financiera empleando comparaciones irrelevantes. Argumentarán: 'pero el dinero no es tan importante como el amor'. Bueno, esa comparación, ¿no te parece bastante tonta? ¿Qué es más importante, el brazo o la pierna? Tal vez los dos lo sean".

Las personas con mente conformista no ven más allá y se justifican para que otros vivan como ellas y no sentirse solas. El dinero no te hace a ti, tú haces poco o mucho con el dinero que generes. El dinero sí puede darte ciertas comodidades u oportunidades como, por ejemplo, viajar el mundo, comer en buenos restaurantes o tener una mejor educación. Si eres generoso y lo usas de una manera generosa, podrías ayudar a muchas personas con necesidad; sin embargo, el dinero no debería cambiar tu esencia como ser humano.

La vida que vivirás no dependerá del dinero que tienes en la cartera, dependerá de si permites que esas riquezas o tu progreso cambien quien eres. Tu esencia como ser humano no tiene por qué cambiar y si lo permites, el problema no es el dinero, el problema está en ti.

VENCE LA TENTACIÓN DE SER CONFORMISTA

Aunque existen personas con mentes conformistas que no quieren crecer o no lo ven necesario, sí hay otros que están esperando a una persona que los ayude a salir de dónde están. En otros tiempos te podía decir, "si ves una persona conformista, aléjate lo más que puedas y corre por tu vida porque es peligrosa; el conformismo es contagioso". Sin embargo, aunque alejarnos es bueno en ocasiones, consideremos no abandonar a la persona conformista. Si identificaste sus talentos o habilidades, invítala a ignorar sus temores, salir de su zona de comodidad, y avanzar. Enséñale con tu ejemplo que va a ganar mucho más de lo que va a perder.

Recuerda que todos pasamos por esta etapa en algún momento de nuestras vidas y, de hecho, hay ocasiones, que aún en el emprendimiento nos sucede. En algunos momentos viene un nuevo reto y el conformismo nos ataca: "Pero ¿para qué hago esto? Si estoy bien así". Te ha pasado, ¿verdad? A mí me pasó en mi marca personal. Íbamos creciendo en todos los Estados Unidos y eran cientos los estudiantes que se matriculaban al mes en mi programa educativo. Esto provocó un crecimiento de responsabilidades, personal, equipos, entre otros... y pensé, ¿pero por qué me complico? ¿Por qué tienen que entrar cientos de estudiantes al mes, si con esta (x) cantidad puedo estar bien y no tener tantas responsabilidades?

Tuve la suerte de que hubo alguien que me dijo: "La pregunta es ¿por qué no? ¡Te estás limitando!". ¿Qué hubiera pasado conmigo o con mi marca? No podría imaginarlo. El pensamiento conformista que tanto he criticado estaba tocando a la puerta. Y qué bueno es tener una persona que luego nos dice: "Mejor piensa por qué no hacerlo", aquella que te diga "porque tú naciste para más", o "porque la gente te necesita" o "porque simplemente te lo mereces". Es nuestro deber como seres humanos ayudar a otros a identificar estos pensamientos y, sobre todo, darles las herramientas para salir de ese efecto. ¡Es nuestra responsabilidad!

CREA TU MAGIA

ADIÓS A LAS DISTRACCIONES

Poner mis distracciones a un lado fue importantísimo en el desarrollo de mi idea de negocio. Si estás en esta etapa, es importante que sepas reconocer cuáles son las tuyas. A continuación, te presento unas recomendaciones para que reflexiones y tomes decisiones. Recuerda que, en estos momentos, tu idea de negocio es lo más importante.

- Identifica cuáles son tus posibles distracciones.
  _____
  _____
  _____

- Reflexiona cuánto tiempo te consumen al día.
  _____
  _____
  _____

- Haz un plan acerca de cómo deshacerte de ellas.
  _____
  _____
  _____

- Sé disciplinado y comprométete contigo.
  _____
  _____
  _____

PASO 6

ESTABLECE PRIORIDADES Y ORGANÍZATE

A medida que me fui desintoxicando, todo fue más claro. Tenía más tiempo para investigar y analizar todas las posibilidades disponibles para desarrollar mi idea de negocio: generar dinero desde mi hogar. Luego de analizarlo, el proceso de desintoxicación fue inmediato y rápidamente vi los resultados. Un día, mientras hablaba con mi hermano por teléfono, me contó acerca de una compañía que pagaba por referir personas que quisieran restaurar su crédito. No tenía que orientarles, ni darles seguimiento, solo darles un pequeño resumen de qué se trataba el servicio y ellos llamaban y listo. Si esa persona firmaba contrato con la compañía, te pagaban. Me pareció interesante porque todo se podía hacer desde el hogar. Te daban los adiestramientos y la página web para que pudieras atraer a ese futuro cliente.

Al engancharle, comencé a buscar más información por Internet y en las redes sociales. Así encontré en Facebook, un puertorriqueño que vive en Estados Unidos, que hacía ese negocio. Lo agregué como amigo para contactarme con él y dejarle saber mi interés. Me orientó, pero lo sentía tan inseguro y a la vez lo explicaba de una manera tan complicada, que no me llamó la atención. Semanas más tarde, publicó en Facebook lo que generaba desde su casa vendiendo artículos por Amazon. Nuevamente, lo contacté: *"Y ahora, ¿en qué andas metido? Oriéntame"*. Él con gusto me dio la orientación y me dijo que iba a necesitar $2,000.00 dólares para tomar el adiestramiento y comenzar.

Estaba tan decidida que saqué el dinero de mis ahorros y comencé la semana siguiente. Me tomó aproximadamente un mes y medio adiestrarme. Cuando finalicé, fui bien disciplinada y trabajaba con Amazon todos los días. En 9 días hice $1,090.00 dólares en ventas con la técnica de *dropshipping*. El *dropshipping* es una técnica de venta que se utiliza para poder vender productos de suplidores a un costo más alto y tener una ganancia. No tienes que comprar mercancía al por mayor ni ir al correo, o sea, que es de mucho beneficio para las personas que quieren comenzar un negocio virtual, pero no tienen dinero para invertir en el comienzo de este.

Todas las noches, cuando llegaba a mi casa, luego de cocinar, bañar a mi niño, hablar un poco con mi esposo, entraba a Amazon a listar más productos para vender. Con Amazon, junto al manejo de las redes sociales de mi esposo y Avilés Auto, terminaba durmiendo solo 4 a 5 horas diarias para al otro día nuevamente madrugar y estar en mi trabajo a las 7:30 a.m.

Estuve como dos semanas así, hasta que mi propio cuerpo no pudo más. Las tareas de la casa se fueron atrasando, la productividad en mi trabajo del gobierno no era la misma y, de cierta

Establece prioridades y organízate

manera, todo se estaba afectando porque no había una organización, una estructura. Ya mi hermano me preguntaba una y otra vez: *"¿Cuándo renuncias?"* porque los resultados de Amazon cada vez eran más evidentes, pero no eran mayores porque no podía dedicarles más tiempo. Estaba pasando por algo que es completamente normal cuando eres principiante en este mundo de negocios: la desorganización.

Mi esposo un día me dijo: *"Tienes que organizarte, mi amor"*. No sé si era un "primer aviso", pero rápido tomé acción. De hecho, fue él quien me compró mi primera agenda. Estaba reacia a utilizarla, pero tuve que hacerlo. Comencé a dividir las tareas del hogar en varios días a la semana, el tiempo para la familia y los negocios. Puse alarmas para todo, para que ninguna actividad o tarea me tomara más tiempo de lo establecido. Cuando esa alarma sonaba, ya sabía que tenía que terminar esa tarea para continuar con la otra.

Al principio, parecía demasiado estructurado, pero era de la única forma que pude hacer varias cosas al día, sin afectar nada ni a nadie, mucho menos a la familia. Siempre he pensado que, para emprender y desarrollar un negocio, sacrificar la familia no es negociable. Además, hablé con mi esposo sobre lo que quería lograr. A veces nos quejamos de que la familia no nos ayuda en nuestro desarrollo de un negocio, pero tampoco la hacemos partícipe de nuestros proyectos. Le dejé saber que quería establecer mi negocio virtual, que quería trabajar desde casa y que él también se iba a poder beneficiar de los resultados porque iba a tener más tiempo para nosotros. Le dije que necesitaba su ayuda y que quizás algunos días le iba a tocar cocinar o bañar el nene para yo poder adelantar trabajo.

Tengo la bendición de que mi esposo me ha apoyado desde el día uno. Estuvo de acuerdo con lo establecido y comenzamos de manera inmediata. El organizarme no tan solo me ayudó a tener más tiempo para las diferentes actividades que tenía en un día, sino que mi cuerpo también me lo agradeció. Los emprendedores tenemos mucho trabajo y nuestra mente no para, son importantes nuestras 7 a 8 horas de sueño al día. Hay tiempo para todo, solo es cuestión de organizarse. Y, sobre todo, continuar con enfoque y disciplina. Me cumplía a mí misma. Si a esa hora, ese día, me tocaba esa actividad y, a la próxima hora, otra tarea, cumplía fielmente con lo que me había comprometido. Sabía que, si fallaba con mi agenda y con mis alarmas, me fallaba a mí misma y a mi propósito.

MAYOR CLARIDAD, MEJOR USO DEL TIEMPO

A medida que iba organizándome, tenía más tiempo para mi idea de negocio. La familia estaba contenta, las tareas del hogar al día, dormía las horas que mi cuerpo necesitaba y estaba en el trabajo de 7:30 a.m. - 4:00 p.m. Todo estaba bajo control. Las ventas en Amazon continuaban en aumento, sin parar. Para ese momento, supe que quería y podía dedicarme al *e-commerce* (como se conoce en inglés) o comercio electrónico. Este consiste en la compra y venta de productos o de servicios a través de medios electrónicos, tales como Internet y otras redes informáticas.

Ya son millones las personas que se dedican a esto; y cada año aumenta un 23%, según *bigcommerce.com*. Trabajan desde su hogar y generan miles y miles de dólares solo con tener al alcance una computadora, tableta o celular con Internet. Según *leadersandmining.com*, mayormente la generación de los milenials, especialmente los universitarios en los Estados Unidos se dedican al *e-commerce* y otras plataformas digitales para generar dinero mientras estudian.

Dado que los consumidores confían cada vez más en las compras en línea, se estima que el 95% de las compras se realizarán en línea para el año 2040. El comercio electrónico está abriendo puertas de oportunidades a innumerables empresarios.

Esas oportunidades de ventas de e-commerce están creciendo rápidamente. En 2017 el comercio electrónico fue responsable de 2.3 billones de dólares en venta y se espera que se duplique a 4.5 billones para 2021. Solo en Estados Unidos, las compras en línea ya representan el 10 por ciento de las ventas al por menor, y se espera que crezcan a una tasa interanual del 15%.[4]

Ya la tienda de Amazon estaba corriendo sola y al tener más tiempo me dije: ¿Qué es lo próximo? Necesito conocer de otras plataformas para vender por Internet. Lo comencé a poner en práctica, pero, honestamente, preferí quedarme con Amazon. Amazon es la plataforma más visitada mensualmente por más de 197 millones de personas. Iba publicando en mis redes sociales los resultados que comenzaba a obtener y provocaban un descontrol de comentarios de personas interesadas en lo que estaba haciendo. Me escribían: "¿Dónde dan el adiestramiento? ¿A cuánto?". Yo me reía: ¿Qué es esto que estoy ocasionando en los demás? *'Hello', sé cómo hacerlo, pero no sé cómo enseñarlo*. Una persona me escribió en un mensaje privado: *"No me importa si*

---

4. Consulta en línea: https://kinsta.com/es/blog/estadisticas-e-commerce/

nunca has dado un adiestramiento de esto, quiero que me enseñes qué es lo que haces". Lo hice, con miedo, pero dije que sí. ¡No sabía ni cuánto cobrarle! A las dos semanas, tenía gente esperando por espacios en mi calendario. Recuerdo que ese mes generé más de US$3,500 en adiestramientos solamente. Además, las personas a quienes adiestraba estaban teniendo resultados, lo que me demostraba que yo también era buena para enseñar.

Ya estaba viendo que mi renuncia estaba más cerca de lo que pensaba. Aun así, no tomaba la decisión porque quería estar segura de los pasos que estaba dando. Un día... ya sabes qué sucedió. Mi hermano me habla de Shopify, de su función y que quería comenzar a hacerlo ya. Shopify es una plataforma donde puedes desarrollar una tienda virtual y vender tus productos en cualquier parte del mundo.

Mi hermano rápidamente compró mercancía al por mayor y comenzó a vender. Seguí buscando información y al ver sus resultados, decidí "tirarme de pecho". Mientras hacía el *research* vi que la manera para promocionar esa tienda virtual puede ser por Google AdWords o las redes sociales. ¡Bingo! El conocimiento en las redes sociales ya lo tenía de mi lado, así que esto iba a ser más fácil de lo que pensaba. A medida que iba conociendo el programa, más me emocionaba. Eso fue como inyectar energía a mis venas. Desarrollé mi tienda virtual comprando mercancía al por mayor y haciendo *dropshipping*. Alguna mercancía la tenía en mi casa y otra, los suplidores. Empacaba y llevaba al correo algunas órdenes; y otras, era cuestión de escribirle al suplidor, procesar las órdenes y ellos mismos las enviaban. Todo esto, promocionándome por las redes sociales.

Establece prioridades y organízate

Como ya estaba enfocada y decidida en el negocio que quería desarrollar, concentraba mis esfuerzos y energía en todo lo que tenía que ver con el *e-commerce*. Si navegaba por Amazon en busca de un libro, ya me iba directamente a todo lo que tuviera que ver con el comercio en línea. Al igual que si veía seminarios de negocio, invertía en adiestramientos que pudieran ayudarme a actualizar mis conocimientos y aprender más sobre este tema. No tan solo para cada día hacerme una experta en las plataformas que ya trabajaba, sino para saber qué otros beneficios podían sacar del comercio virtual.

> *Invertía en adiestramientos que pudieran ayudarme a actualizar mis conocimientos y aprender más sobre este tema.*

Cuando finalmente estás dirigido en el negocio que quieres establecer, debes estar continuamente educándote más. Es recomendable buscar todo tema relacionado con ese negocio en libros, seminarios, páginas virtuales; observar qué alternativas y posibilidades tiene ese negocio para seguir creciendo. Quizás, no es que en este momento ya podamos llevarlo a su próximo o máximo nivel, pero podemos visualizar hasta dónde y hacia dónde estamos dispuestos a llevar nuestro negocio. Es importante conocerlo de principio a fin. En esta etapa buscamos cómo fortalecer ese tronco del negocio, nos capacitamos para planificar y desarrollar las ramas, para finalmente tener los frutos.

CREA TU MAGIA

CREA TIEMPO

Toma control de tu tiempo y fortalece esa idea de negocio.

- Compra una agenda: Divide y separa el trabajo por hora al día: las tareas del hogar, el tiempo con los niños o la familia y tiempo personal. Por ejemplo: *lunes y miércoles, se harán las tareas del hogar (lavar ropa, los baños, etc.). Martes y jueves haré actividades personales (ejercicios, clase bíblicas). De lunes a jueves, de 8:00 p.m. –10:00 p.m. estaré trabajando con el desarrollo de mi negocio; y de viernes a domingo es para la familia (cine, bowling, playa, etc.).*
- Utiliza alarmas en tu celular. Las alarmas te ayudarán a tener más control de tu tiempo. A veces nos quedamos más horas de lo debido en una tarea, y no hacemos las demás de ese día. Pon órdenes en las alarmas, por ejemplo: 7:00 p.m.- Vete a hacer ejercicios; 8:00 p.m.- A trabajar en el negocio; 9:00 p.m.- Descansa, ya es hora de ver Netflix, y así sucesivamente.
- Aprovéchate de la tecnología y utiliza nuevos escenarios para educarte. Muchos me dicen que la idea de leer un libro semanal está genial, pero *que no tienen el tiempo para leer*. Vivimos en una era que existen los audiolibros. Si no tienes tiempo para leer, al menos puedes escucharlos. Escúchalos en tu auto o hasta en la cocina mientras preparas la cena. Utiliza estos lugares como plataforma de estudio. Otros momentos que

puedes aprovechar son mientras cortas la grama o haces ejercicios. Tenemos muchas formas para mantenernos educados.
- Incluye a tu familia en el proceso del desarrollo de tu negocio. Habla con tu pareja, hijos o familiares que vivan contigo. Déjales saber lo importante que es este nuevo negocio para ti. Edúcalos e infórmales tus planes. Oriéntalos sobre los beneficios que estos nuevos proyectos traerán para ti y para ellos. Y hagan un plan para distribuirse las tareas del hogar.
- Disciplina. Sé disciplinado con tu agenda: si en ella asignaste ciertas tareas en unos días y otras en otros, a unas horas específicas, ¡cúmplelas! y haz lo mismo con las alarmas. Estarás cumpliendo contigo mismo. Sigue las instrucciones que tú mismo te has estipulado. Sea cual sea la forma en que hayas organizado tus tareas, comprométete contigo. ¡No te engañes!
- Busca seminarios presenciales o virtuales para mantenerte actualizado en la idea de negocio que tengas. Muchos se pueden conseguir en las redes sociales, periódicos o navegando en la Internet.

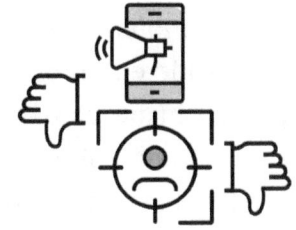

PASO 7

PREPÁRATE PARA LAS CRÍTICAS

(Solo los emprendedores piensan como tú)

Mi negocio iba tomando forma, ya estaba abriendo camino hacia donde quería dirigirme. Imagino que estás pensando *"y en el trabajo del gobierno, ¿cómo te iba?"*. Me iba muy bien, de hecho, me había movido de área de trabajo. Se dio una oportunidad de una plaza como especialista de cumplimiento en la misma agencia y, como estaba loca por aprender cosas nuevas, fui a la entrevista y me escogieron. Ahora, en vez de supervisar al personal y el proceso de una planta de tratamiento de agua, iba a inspeccionarlas para que pudieran cumplir al 100% con las auditorías de las agencias federales y estatales. Pudiera escucharse interesante –y, verdaderamente, lo era–, pero seguía trabajando para otro, la misma cantidad de horas, más responsabilidades y el mismo sueldo. Mi nueva jefa estaba bien contenta conmigo y esperaba, según me dijo en la entrevista, que me quedara mucho tiempo con ellos. Dentro de mí sabía que eso no iba a suceder.

El ambiente de trabajo era distinto, había muchas personas laborando en un mismo edificio. Muchos de ellos ya los conocía porque inspeccionaban las plantas de tratamiento de agua que supervisaba, así que acoplarme al grupo no fue difícil. Al menos, eso pensaba. Sin embargo, tuve muchas situaciones debido a mi nueva forma de ser.

Definitivamente, yo había evolucionado y me encantaba la persona en que me había convertido, aunque para otros era un trago amargo: me criticaban. Varios de mis compañeros de trabajo me tenían en las redes sociales. Sabían a qué me estaba dedicando y el tema de mi renuncia estaba en boca de todos. Ellos sabían que esa decisión venía pronto. Sé que era tema de pasillo. ¿Te ha pasado cuando caminas por un pasillo y todo el mundo se queda en silencio porque tú acabas de llegar? Me pasaba mucho. Tuve personas que me llegaron a preguntar cuál era el futuro que me esperaba con el *e-commerce*. Bien emocionada les contestaba y algunos me respondían: "¿En serio, tú vas a salir de un trabajo seguro para irte a ganar dinero por *Internet*?". Otros me preguntaban: *"Pero ¿y si Amazon quiebra?"* (como si el Gobierno no estuviera en bancarrota en estos momentos) y así sucesivamente.

Si estábamos tomando un adiestramiento o en una reunión del grupo de trabajo y tenía una duda o hacía algún comentario, podían decirme delante de todos: "¿Pero tú no eres la más emprendedora?, ¿No se supone que eso te lo hayan enseñado en esos seminarios de emprendedores?". Gracias a Dios, siempre mantuve mi cordura porque yo sabía por todo lo que había pasado, sabía todas las horas sin dormir, todo el sacrificio que me costó para haber llegado hasta donde estaba en ese momento. Confiaba y creía en mí. Nadie tenía que demostrarme nada; ya me

Prepárate para las críticas

había demostrado a mí misma el potencial que tenía para alcanzar lo que quisiera.

Me mantenía firme y esos comentarios eran gasolina para este motor. De no haberme mantenido así, quién sabe dónde estaría en estos momentos. Posiblemente, en el mismo cubículo, angustiada y pensando qué hubiese sucedido si me hubiera lanzado. Tuve que añadir este tema de las críticas en este libro porque nadie habla de eso, nadie. En este proceso no hubo nadie, ni un libro o seminario que me dijera que ser emprendedor es estar en el *spot light,* ser el blanco de las críticas. Quizás no a todos les pasa, pero tienes que estar preparado por si eres parte de los muchos que hemos pasado por esto. Tienes que ser bien maduro emocionalmente porque si no, el qué dirán pudiera ser el detonante para detener tus sueños. Uno se agota emocionalmente.

> No pueden entender porque no tienen ni han desarrollado la mente del emprendedor.

¿Por qué, en vez de burlarse, no pueden entenderme?, ¿Por qué no se pueden dar cuenta de que soy positiva u optimista porque sé que existe algo más allá, que hay más alternativas? Siguen los porqués, pero la contestación es sencilla. No pueden entender porque no tienen ni han desarrollado la mente del emprendedor. No les interesa o no lo creen necesario. Están pendientes de que cometamos algún error para decirnos: ¿Pero tú no eres la más emprendedora? Así nos dejan saber que están lejos de la realidad. Es como la gente que dice que en las iglesias están las personas que se creen perfectas o que no tienen problemas. Al contrario, como mujer cristiana te digo que las iglesias son como hospitales donde la gente va en búsqueda de consuelo, espiritualidad y perdón.

Ser emprendedor no es tarea fácil. Estamos siempre en la boca de todos porque pensamos y actuamos de manera distinta. También buscamos educarnos y aprender constantemente. Hay personas que no pueden con nuestro positivismo. He conocido algunas que no pueden ni escuchar la palabra emprendedor. Un amigo que aprecio mucho me dijo: *"Vero, intenté leer la publicación de tu blog, pero cuando comencé a leer la palabra emprendedor o emprender tantas veces, tuve que dejar de leerlo"*. Me reí por su sinceridad, pero por eso es que sé que hay personas que no pueden con eso.

No te miento, varias veces lloraba; cada día que pasaba, más angustia sentía porque estaba loca por irme del trabajo. A veces quería tirar todo y salir corriendo. Recuerdo que llamaba llorando a mi esposo para contarle cualquier cosa que me hubiese sucedido y él me respondía: *"Tranquila que ya mismo tú te vas a ir de ahí. Espera un poco más"*. Yo sabía lo que quería y lo que iba a lograr. Sabía que solo era cuestión de tiempo. Y sí, definitivamente, la renuncia estaba a la vuelta de la esquina. Cuando se burlaban, pensaba una y otra vez cuál era mi propósito, y no es por presumir, pero me reía en mi interior porque aún sin renunciar, mensualmente, ya estaba generando más que el director de la agencia o la suma de los sueldos de mis compañeros de trabajo.

Mientras escribía esta segunda edición, una amiga me llama y me dice: "Vero, estoy histérica. Una persona, por no haberle dado fecha para una asesoría, ha entrado a Amazon y me escribió un comentario negativo en el área de reseñas de mi libro. No he podido ni dormir. He llorado tanto". Comencé a reírme y le contesté: "Dos cosas. Número uno, bienvenida al mundo del

Internet, donde cualquiera puede escribir lo que le da la gana, como le da la gana. ¿lo podemos controlar? NO. Número dos, ¡felicidades, estás creciendo!". Luego de una hora de plática se quedó tranquila. ¿Sabes cuántas críticas he recibido a lo largo de mi emprendimiento? ¡Esto no se detiene! Una vez escuché de una colega decir: "Ve a Amazon, busca autores reconocidos y mira sus reseñas de pocas estrellas. Hasta los más exitosos tienen críticas".

Eso es lo que quiero que entiendas en este capítulo. Reinventarnos, emprender y, sobre todo, crecer, provocan críticas... algunas constructivas, algunas que querrán hacer daño. Es normal el enojo, coraje o frustración momentánea; pero está en ti si eso afecta tu progreso en el negocio. A lo largo de estos años, siempre hay estudiantes que me escriben sobre la preocupación de los "haters" cuando comentan en sus publicaciones. Les hago entender que es parte del proceso; hay personas que te querrán y otras no. Hay personas que les va a gustar lo que ofreces y otras no. ¿Sabes cuántas personas me han criticado durante mi emprendimiento? Tendría que hacer otro libro para contarte cada una de las anécdotas que me han pasado. Unos se han quejado de mi voz, otros hablan mal de mí sin conocerme y algunos simplemente estaban aburridos, se encontraron con mi publicación y destilaron su odio. Pero como dice mi pastora, no pasa nada.

¿Cuál es tu visión? Esa es la razón por la cual no debes quitarte. Te criticarán, te harán *bullying*, estarán pendientes a que falles y te enviarán mensajes privados burlándose de tus publicaciones positivas en las redes sociales. Recuerda que somos diferentes, y lo diferente da de qué hablar. Aquí lo importante eres tú, tu enfoque, visión, autoconfianza y propósito.

CREA TU MAGIA

MANTENTE ENFOCADO EN TU VISIÓN

Recuerda que las críticas serán parte de tu travesía como emprendedor. La respuesta es: ¡Enfócate! A continuación, te invito a reflexionar. Escribe las contestaciones a estas preguntas y colócalas en un lugar visible; te servirán de motivación.

- ¿Cuáles son tus metas y qué estarías dispuesto a hacer para alcanzarlas?
  _____
  _____
  _____

- ¿Cuál es tu visión?
  _____
  _____
  _____

- ¿Cuán determinado estás dispuesto a ser para tolerar el empuje de las críticas?
  _____
  _____
  _____

PASO 8

LIBÉRATE DEL MIEDO

Habían pasado meses desde que ya tenía corriendo mis tiendas *virtuales* en Shopify. Todo iba tomando forma y varias personas cercanas ya me iban haciendo las preguntas de los 50 mil chavitos: ¿Cuándo renuncias?, *¿Cuándo te vas?*. Mi renuncia era uno de los temas que se cuchicheaba en el pasillo de la empresa. ¿Y sabes qué? Yo también me hacía las mismas preguntas: ¿Cuándo me voy? Había redactado mi carta de renuncia hacía 6 meses y aún estaba en el *desktop* de mi computadora, esperando el día de ser impresa.

Sabía que ya podía imprimirla y entregarla cuando quisiera, pero había algo que me estaba deteniendo: el miedo. El miedo a la hora de emprender es esa vocecita en la cabeza que te dice: ¿Y si no te va bien?, ¿Tú puedes con esto? *Pero ¿y si las tiendas colapsan algún día?* Y así sucesivamente. El miedo es como un dolor en un músculo que hay que ejercitar hasta que no esté presente.

Por ejemplo, mi esposo le tiene miedo a las alturas y las atracciones de los parques de diversiones a veces son un terror para él. Como me encantan, siempre buscamos hacer actividades extremas cada vez que nos vamos de vacaciones. A pesar de que le tiene miedo a las alturas, él mismo es quien planifica estas actividades.

Un día le pregunté: *"Pero si tanto temor le tienes, ¿por qué accedes y planificas hacerlo?"*. Él me contestó: *"Porque hasta que no me siga montando en las atracciones, el miedo no se me va a ir"*. Tiene bastante lógica. Continuar con miedo o dejarlo a un lado es una decisión. Tú eres quien decides si mantienes ese miedo en ti o le haces frente. Por eso pienso que hay que seguir ejercitando ese miedo hasta que desaparezca.

Un día decidí no temer más a la renuncia y actuar. Ese día me pregunté: ¿Miedo a qué? No lo dije de "la boca pa' fuera", me senté y analicé mi temor. Podrías pensar que estaba loca, pero, literalmente, me sentaba en la oficina que ya me había preparado en la casa y me hablaba: ¿Por qué tienes miedo?, ¿por qué te sientes así si tú sabes que ya estás preparada? Y recuerdo que iba escribiendo cómo me había preparado, las destrezas que tenía, lo que había logrado ya en ese momento y mis resultados.

> Continuar con miedo o dejarlo a un lado es una decisión.

Fui aún más selectiva al hablar de este tema de la renuncia con ciertas personas. Esta era una etapa en la que no necesitaba que alguien me dijera: *"Pero ¿estás segura?, ¿y si no te va bien?"*. Mantenía comunicación constante con los amigos que tenían la misma visión que yo, mi hermano, mi esposo, las personas que sabían, paso a paso, por lo que había pasado, mis logros y mi preparación. Ellos me ayudaban mucho a motivarme y a dejar mis miedos a un lado. En cada llamada, me decían: "¡Tú estás lista!, ¡Mete mano!, ¡Te va a ir bien!"... y eso me llenaba y me daba felicidad para continuar con los planes. Es un momento de continuar con la desintoxicación y mantenerse enfocado en la meta.

TIEMPO CONTIGO MISMO

Otro de los factores que me ayudaron a controlar los miedos y esos momentos de tensión que vivía porque sabía que ya se estaba acercando el día, era dedicarme tiempo a mí misma. Traté de buscar tiempo para mí dentro del día ajetreado que tenía: dedicarme a leer un buen libro, irme al *spa*, tomarme una copa de vino en mi hogar con mi perro Coco al lado y sentarme a pensar. Tan solo pensar me engrandecía. Reconocía mis cualidades y habilidades. Me decía: "¡Wao, *Verónica, mira hasta dónde has llegado!*". Me sentaba y miraba mi agenda para ver en cuál quincena iba a entregar mi carta de renuncia.

Recuerdo que me grabé, hice un *voice record* y conté toda la historia que te he escrito, toda. Grabé mis comienzos, mis primeras frustraciones, las críticas, los amigos, el desarrollo de mis tiendas virtuales y mis resultados. Todo lo grabé y, luego, cada vez que me sentía como detenida y con temor, volvía y lo escuchaba sola, una y otra vez. Eso me daba tranquilidad, me hacía recordar mi visión y el potencial que tenía para lograr lo que quisiera. Y es que el miedo, aunque no es controlable del todo, podemos decidir si permitiremos que él afecte cada una de nuestras acciones o tomas de decisiones. Para algunos, el miedo es limitación. Para mí, el miedo es motivación.

Todavía, cuando entro a nuevos proyectos, digo: *Sí, acepto, vamos a hacerlo,* aunque por dentro esté: ¡Dios mío nunca he hecho esto! ¿Cómo lo haré?, ¿*Saldrá todo bien?* Pero no dejo que eso me detenga, no dejo que el miedo limite mi crecimiento profesional. Trabajo con mi autoconfianza y me doy *autocoaching* para motivarme. Pienso mucho en la recompensa: cuáles serán las consecuencias que provocarán esa meta o proyecto que estoy por lanzar: las personas que vamos a ayudar, el crecimiento que tendrá la marca, exposición, entre otros. También, escribo en mi agenda mis metas mensuales, aunque parezcan difíciles, y les pongo fecha de lanzamiento para convertir esa motivación en acción.

No hay mejor persona que pueda ayudarte con el control de los miedos que tú mismo. No hay nadie que te conozca mejor que tú y que sepa cómo te sientes. Es vital tener control de tu mente y de tus emociones. Dedícate tiempo para animarte, evaluarte y darte las razones por las cuales puedes lograr lo que la vocecita interior te dice que no. El miedo no es algo que ocurre al comienzo de una idea o en el desarrollo de un negocio. El miedo es un sentimiento que persiste a lo largo del camino y que lo experimentan hasta los más expertos. Mientras haya nuevas metas y obstáculos, aparecerán nuevos miedos. Sin embargo, somos nosotros quienes decidiremos si ese miedo nos detendrá o nos dará energía para continuar.

Es vital tener control de tu mente y de tus emociones.

Harv Eker dice en el libro que mencionamos anteriormente: *"Por ser criaturas de hábitos, necesitamos practicar la acción a pesar del miedo, a pesar de la duda, a pesar de la preocupación, a pesar de la incertidumbre, a pesar de los inconvenientes, a pesar de la incomodidad, e incluso, practicar la acción cuando no estamos de humor para actuar"*. Todo está en cómo reaccionarás y te prepararás ante ellos. ¿Cómo quieres ver el miedo en tu vida, como una limitación o una motivación?

Harv Eker también dice: *"Los pensamientos llevan a los sentimientos, los sentimientos a las acciones y las acciones a los resultados"*. Cuando llegue el sentimiento del miedo en nosotros, entonces sabremos que es momento de actuar. De no hacerlo, se quedará en una simple motivación, pero si actuamos, veremos los éxitos llegar.

CREA TU MAGIA

LIBÉRATE DEL MIEDO

- ¿Cómo quieres ver el miedo en tu vida, como una limitación o una motivación?
  _____
  _____
  _____

- ¿Estás dispuesto a llevar esa motivación a la acción?
  _____
  _____
  _____

- ¿De qué manera tomarás acción?
  _____
  _____
  _____

"Agradece que hoy sabes lo que antes no sabías. Hoy tienes la experiencia que antes no tenías".
 —Laura Teme *(Conviértete en un éxito fracasando)*

PASO 9

¡ES HORA DE RENUNCIAR!

El controlar mis miedos y mantenerme organizada hizo que mis pensamientos sobre renunciar fueran más frecuentes. Sabía que tenía que hacerlo ya, y es por eso que hice un análisis completo de cinco pasos para saber si estaba verdaderamente preparada.

Primero, hice una lista de mis gastos mensuales. Además, verifiqué durante tres meses si las ganancias habían sido constantes como para cubrir esos pagos. Hay personas que toman la decisión, renuncian y comienzan su negocio al momento; pero expertos de negocios aconsejan que debes esperar que este nuevo proyecto te genere de manera constante –durante tres meses, mínimo– lo que necesitas para cumplir con tus pagos y mantener tu estilo de vida. Tan pronto hice el análisis, me di cuenta de que estaba generando lo que necesitaba, así que ese requisito estaba cubierto.

Segundo, me reuní con mi esposo y analizamos nuevamente nuestros ingresos en conjunto y gastos del hogar. Añadimos los nuevos gastos que vendrían al momento de renunciar, como, por ejemplo, el plan médico porque ya no iba a tener ese beneficio que me daba mi empleo. Así que nos preguntamos, ¿en qué se nos va el dinero?, ¿qué gastos se pueden disminuir en esta etapa de cambio? para que en caso "de que no me fuera como esperaba", él pudiera asistir con los gastos del hogar. Ambos, como familia, tomamos la decisión de que se podía. Él presenció todas las noches que pasé llorando de frustración y el escucharme hablar de renunciar, lo tenía más emocionado que a mí.

Tercero, no le comenté a nadie del trabajo sobre mi decisión de renunciar hasta que ya había sido tomada, aunque ya todo el edificio de la agencia se había enterado aún sin haber entregado la carta a mi jefa. En ese momento, no necesitaba escuchar las extraordinarias preguntas ¿y si te va mal?, ¿pero estás segura? En cambio, lo que sí necesitaba escuchar era: "*Tú puedes*", "*Ay, te va a ir tan bien*", "*Creo en ti*", "*Ya era hora de que lo hicieras*", y eso solo te lo dicen las personas que verdaderamente te conocen, te aman y quieren verte bien.

Mi cuarto paso, y uno de mucha importancia, fue la conversación que tuve conmigo misma. Saqué un momento para mí, para escuchar mi interior, para sentir mis preocupaciones. Me daba un *coaching* parecido al que me daba para controlar mis miedos, pero este tenía algo diferente. Me daba terapia y seguridad a mí misma de que todo iba a estar bien. Me explicaba las cualidades que tenía, la preparación. Hacía una lista de mis negocios y reconocía el nivel adonde los había llevado.

En este momento para mí, incluí mucha oración y mucha fe. Pedí a Dios que siempre me acompañara en el camino y que no me dejara atrás, pues donde estuviera Él, sabía que todo iba a estar bien. Trabajaba con mi autoconfianza y reconocía que, si me lo proponía, llegaría a ser la mejor, no solo en esto, sino en las ideas que se me presentaran en el futuro.

Quinto paso, llegó la señal. En uno de esos días de agotamiento, llegué a una de las plantas de tratamiento que me tocaba inspeccionar. En el estacionamiento del edificio lloraba sin consuelo porque estaba con mucha ansiedad y con la preocupación de si este era el momento indicado para renunciar. Era un llanto de esos que no puedes parar. Llevaba noches pidiéndole a Dios que me dijera si este era el momento, al igual que lo había hecho hacía un año cuando no se dio la oportunidad del trabajo que estaba solicitando fuera de la agencia. En aquella ocasión, entendí que esa era su respuesta: no era el momento. Tuve que tratar de controlarme porque ya me tenía que bajar de mi auto.

Cuando entré al edificio, me encontré con el supervisor de operaciones de la planta, comenzamos el recorrido y a mitad de inspección, él se paró frente a mí y me dice: "¿Te sucede algo?". Rápido le contesté: "*No, estoy bien*". "*¿Segura?*", insistió. Automáticamente, comencé a llorar. Imagino que puedes entender por lo que pasaba en esos instantes. Cuando estás vulnerable y te preguntan ¿estás bien?, la reacción automática es llorar. Él me abrazó y me dijo: "*No sé por qué te digo esto, no sé lo que estás pasando, pero Dios me está diciendo que tomes la decisión que tienes en mente porque tú te has preparado, no tienes por qué temer*".

Mientras lo abrazaba lloraba aún más, a la misma vez en *shock* porque él no tenía ni la más mínima idea de lo que estaba pasando. Jamás le había comentado lo que estaba por decidir. Me paré frente a él y con lágrimas en mis ojos le di las gracias. Recuerdo que oramos y terminamos la inspección. Salí de ahí contenta, llamé rápido a mi esposo para contarle lo sucedido: Dios me había dado confirmación. La ansiedad y confusión se fueron al instante.

Así es que, luego de todos estos cinco pasos, lo decidí. Al fin iba a tener el tiempo para trabajar en lo que me gustaba, tiempo para hacer ejercicios, tiempo para mi familia, cero tapones, tiempo para compartir con quien quisiera y a la hora que quisiera, ¡estaba tan emocionada! Claro, sabía que ahora era cuando más iba a "trabajar" porque ahora no iba a llegar ese pobre chequecito cada quincena. ¡Ahora sí que iba a trabajar con gusto! El dinero que iba a entrar a mi casa *dependería de mi empeño*.

¿Y qué pasó luego? ¡Fue hora de imprimir mi carta de renuncia! Un viernes, 3 de febrero de 2017, con mucho nerviosismo, llamé a mi gerente de cumplimiento para darle la noticia y notificarle que ese mismo día le entregaría la carta a nuestra directora. Esa tarde hablé con ella. Se veían lágrimas en sus ojos, emocionada por la nueva etapa que estaba por recorrer, pero al mismo tiempo triste porque, como ella me dijo: *"Hubiese querido que estuvieras en este departamento más tiempo"*. En ese instante, me di cuenta de que había hecho un excelente trabajo en la agencia y mi jefa me lo estaba reconociendo.

Salí de esa oficina con las puertas abiertas y con muchas emociones contradictorias. Un poco triste porque sabía que ¡falta tanto por hacer en las agencias de gobierno! A los minutos de salir de su oficina, ya la gente comentaba mi renuncia. Sé que muchas personas seguían pensando que estaba loca. ¿Cómo dejar un trabajo "seguro" en el Gobierno de Puerto Rico para irme a mi casa "disque" a generar dinero por Internet? Se me acercó una persona que me preguntó si había pensado bien la decisión porque era una muy repentina. Pensé: *Ja, ja, ja, repentina para usted, pero para mí no.*

Llevaba dos años con esa incomodidad, con esas ganas de hacer algo que me gustara y de poder manejar mi tiempo. Ese pensamiento de frustración de: ¿Yo haré esto toda mi vida?, *¿Realmente, siempre me tocará trabajar y correr detrás de un ponchador?*, me tenía agotada. No fue repentino. Fueron dos años de preparación, de búsqueda en la Internet, de reconocer mis habilidades, de alejarme de las personas que no podían contribuir a mi meta, de leer mucho, de escuchar y seguir a los que saben, de desintoxicarme del mundo exterior, entre muchas otras cosas. Para nada repentino. Fue un proceso fuerte, pero que, definitivamente, valió la pena.

HORA DE SEMBRAR LA SEMILLA

¡Me sentía tan feliz y satisfecha! Completa y realizada. Pero, espera, ¿qué huella aparte de las tareas, dejaré en el trabajo? ¿Qué puedo hacer en estas dos semanas que me quedan? ¿Cómo siembro la semilla en otros, aunque el terreno no sea muy fértil? Eso fue lo próximo que pensé. Eso fue lo nuevo que me había metido en la cabeza antes de tocar el ponchador por última vez. Ya esas últimas semanas me las estaba disfrutando. Estaba relajada y gozándome las últimas horas. Muchas personas me desearon cosas buenas, otras no me hablaron del asunto.

Recuerdo que me puse a regalar todo lo que tenía en el escritorio a todo el mundo. Bolígrafos, grapadora, alguna que otra decoración y hasta una plantita que tenía por costumbre en mi cubículo. Eché al contenedor de basura papeles que ya no iban a tener uso y, poco a poco, fui llevando a mi auto documentos personales y fotos de mi familia. El cubículo cada vez se iba viendo más vacío y era más notable que la Ing. Avilés se iba en pocos días.

Dentro del grupo de los compañeros de trabajo, comencé a fijarme quién podía tener escondido ese ser emprendedor. Lo noté mientras hablaba de lo que iba a hacer luego de salir de la agencia. Había personas que oían, pero me di cuenta de que algunos realmente escuchaban. Esos los identifiqué y me comprometí con sembrar la semilla. Una de ellas era bien callada. Muchos se burlaban porque era pausada, trabajaba con mucha calma y no era de tener muchos amigos, pero en esas últimas semanas, me hizo el comentario de que estaba contenta por mi renuncia y *"Ojalá, algún día, yo pueda hacer eso"*. ¡Bingo! Me senté a hablar con ella una tarde y me puse a entrevistarla: ¿Qué disfrutaba hacer en su tiempo libre?, ¿Cuáles eran sus habilidades?, entre otras preguntas. Me dejó saber que era muy buena decorando fiestas de cumpleaños y preparando recordatorios de actividades.

Quedé impresionada de cómo una persona que se veía tan tímida y callada pudiera tener ese talento. Imagino que ya sabes lo que hice. ¡Despertarle su ser emprendedor! Le expliqué las alternativas que tenía para generar dinero con eso que hacía. Cómo llevar a otro nivel más comercial lo que quizás hacía por entretenerse. Le dije que había muchos seminarios de coordinación de eventos, repostería, hasta de globos. Para hacerte el cuento largo corto, recuerdo que días después ya me estaba diciendo que había hablado con su esposo para ver de qué manera podía convertir su pasatiempo en un negocio.

¡Es hora de renunciar!

Realmente, no sé si en estos momentos esté desarrollando un negocio, pero me satisface saber que, por lo menos, sembré la semilla. Ya tenía esa cosquilla en el corazón y ese "revolú" de ideas en el cerebro. Con eso nada más, me sentía contenta. Sin embargo, se matriculó en el seminario que estoy organizando mientras termino mi libro. ¡Alegría amplificada!

Hubo otra persona del trabajo que me escribió de manera privada en mis redes sociales. Quería aprender lo que yo hacía, pero me pidió que, por favor, no se lo dijera a nadie. Probablemente, tenía temor de pasar por la etapa de las críticas y de las burlas. ¿Recuerdas que te dije que eso iba a suceder? "¡Con gusto! ¿Cuándo empezamos?", le contesté, *"Y tranquila, que nadie se va a enterar"*. A la semana ya se había educado y actualmente tiene una tienda *online* de arte y productos personalizados.

El 17 de febrero de 2017 fue el último día que toqué el ponchador de la agencia de gobierno. En silencio, tomé mis cosas y salí de mi cubículo. Con sentimientos contradictorios salí del edificio, pero cuando caminaba en dirección a mi auto, abrí la puerta, me senté en el asiento y mis lágrimas saltaban de la emoción, al fin había alcanzado lo que me había propuesto. No podía creer que el día había llegado. En ese momento, recibí la llamada de mi esposo. Recuerdo que al contestar me dijo: "*¡Felicidades, mi amor, ¡lo lograste!*". Puedo decirte que ha sido uno de los momentos de mayor satisfacción de mi vida.

Mientras conducía, analizaba todo lo que había pasado, todo ese largo proceso, y daba gracias a Dios por eso, pues ya entendía que tenía que vivirlo para poder disfrutarlo tanto como lo estaba sintiendo. Pude saborear ese momento sola, todo ese reguero de emociones conmigo misma. Es un sentimiento que no puedo explicarte. ¡Era libre! Fue duro, fue retador, pero lo hice. Mi mensaje para ti es que *si yo lo logré, tú también puedes hacerlo*. Escucha tu interior.

Una amiga me enseñó que el tiempo pasará como quiera. ¿Cómo quieres verte de aquí a 10 años? ¿Diciendo siempre he querido hacer esto, siempre he tenido esta idea, detrás de ese ponchador... o mirando a tu alrededor y diciendo: ¡Wao... todo lo que he logrado, me siento orgulloso de mí!

Un punto bien importante: cada cual tiene su tiempo de preparación para renunciar. A mí me tomó dos años, tengo estudiantes que les ha tomado 3-4 meses, otros un año. Lo que quiero que entiendas es que este tiempo es único para cada persona. No te compares, es en tu momento. Cuando estés listo y si quieres hacerlo. Hay personas que emprenden sin tener que renunciar a su empleo por la razón que sea; porque aman su trabajo, porque pueden hacer ambas cosas a la vez, entre otras. Tengo una estudiante que deseó crear una tienda online como complemento. Generar dinero "por el lado" sin dejar lo que está haciendo. Y a pesar de que la tienda online la sorprendió y ahora mismo genera lo mismo o más que su empleo, ella no desea renunciar ni está en planes de hacerlo. Ella es una profesional y ama su trabajo. Sin embargo, esto no ha sido obstáculo para desarrollar su mentalidad empresarial, para emprender siendo empleada y para inspirar a otros.

Emprender no tiene que ver con renunciar a un empleo. Emprender representa alcanzar tu máximo potencial donde quiera que te encuentres; sea en tu empleo o en tu empresa, dar lo máximo y desarrollarte lo más que puedas. Al final de todo, las empresas o marcas más exitosas son gracias a sus empleados y una empresa sin emprendimiento (o sin personas con mentalidad empresarial) tiene fecha de expiración. Si en tu corazón está esa llama efusiva, ese deseo ardiente de emprender, quiero que entiendas que emprender no se trata de un lugar, sino de un estado de ser... es una mentalidad, un estilo de vida. Ahora, si tus deseos son renunciar algún día de tu trabajo, ya sea porque no tienes la oportunidad de crecimiento o porque simplemente no te sientes cómodo en ese lugar, como me pasó a mí, ¡hazlo! Pero hazlo bien, con un plan, educación, mentores, herramientas, visión y cada uno de estos pasos que te he compartido.

CREA TU MAGIA

PLANIFICA TU SALIDA

Al momento de renunciar, haz un análisis:

- Identifica cuáles son tus gastos. ¿En qué se te va el dinero?
  _____
  _____
  _____

- ¿Qué gastos se pueden reducir en esta etapa de cambio?
  _____
  _____
  _____

- ¿Cuánto es el ingreso mensual que debes generar para cubrir esos gastos?
  _____
  _____
  _____

- ¿Cuánto es el ingreso mensual que debes generar para tener el nuevo estilo de vida que deseas?
  _____
  _____
  _____

- ¿Cómo sembrarás la semilla en otros?
  _____
  _____
  _____

- ¿En quiénes?
  _____
  _____
  _____

"A cuanta más gente ayudes, más 'rico' te volverás: a nivel mental, emocional, espiritual y, definitivamente, económico".
—Harv Eker, *Los secretos de la mente millonaria*

PASO 10

VIVE LA MAGIA DE REINVENTARTE

Mientras estaba en esas últimas semanas en la agencia, cada día eran más y más mensajes de personas interesadas en conocer cómo vender productos alrededor del mundo con una tienda online. Nerviosa y con algo de inseguridad comencé a buscar salones donde pudiera dar mi primer seminario sobre comercio electrónico. Cuando lo hice dije: *"Bueno, ya lo pagué. O meto mano, o meto mano"*. Ese mismo día hice un vídeo en Facebook para promocionar mi seminario. Recuerdo, como ahora, todas las veces que tuve que grabarme porque para ese momento no sabía nada de edición y ese vídeo tenía que salir perfecto de principio a fin. No sabía ni cómo expresarme de manera fluida delante de una cámara.

Pero lo hice, y ese mismo día ya el vídeo estaba corriendo por todo mi país en Facebook. Fue visto por más de 97 mil personas, comentado por más de 1500 personas y compartido 157 veces. Fue un *boom*, estaba anonadada. ¿Cómo la gente confiaba en mí, en lo que estaban escuchando y viendo si apenas estaba comenzando? No sabían quién era o de dónde había salido. Se llenó a capacidad, un éxito total. Al comenzar, mi cuerpo y mi voz temblaban, pero luego de 15 minutos, ya tenía el control del seminario en mis manos. De 30 personas, luego fuimos 90, luego 150, 200, 350...y un día, mientras mi esposo conducía le dije, ¿te imaginas si pudiéramos estar en el centro de convenciones? Nos miramos y no parábamos de reírnos...No sé si para mi esposo fue un chiste o una broma. Para mí fue algo que se había metido en la cabeza y tenía que hacerlo realidad. Esa semana ya estaba firmando contrato y más de 600 personas asistieron de manera presencial, y cientos de latinos en Estados Unidos se conectaron de manera online para aprender sobre tiendas online.

Y así me he mantenido; recreando en mi mente nuevas metas con el objetivo de ayudar a la mayor cantidad de personas posibles a generar dinero desde su hogar o cualquier parte del mundo. Desarrollé el programa de mentoría y capacitación por Internet, *Ecommerce Avanzado*, un programa completamente en español, desde lo más básico hasta lo más avanzado para que en muy poco tiempo las personas puedan tener funcionando, promoviendo y capitalizando sus tiendas online. Puedes registrarte gratis en comienzatutienda.com

Mi tienda virtual sigue activa, planifico con mi equipo todo el plan de mercadeo, desarrollo de nuevos productos y optimización de anuncios. Adicional, mantengo una cartera de clientes para ayudarlos con estrategias de mercadeo y cumplir con sus metas en ventas mensuales. Sigo caminando y no paro de aprender, logro una meta y ya estoy pensando cuál es la próxima. Trabajo con ánimo, siento que los días pasan a las millas.

No siento los lunes ni los viernes como antes. Ahora un lunes puede ser como un sábado, ya ese día no es terror para mí. Si el día está lluvioso, puedo decidir trabajar desde mi cama todo el día, y si quiero hablar con la gente de algo nuevo que he aprendido o leído de un libro, con simplemente apretar un botón del celular, lo hago inmediatamente. Ahora puedo irme de vacaciones tres veces al año. No solo por los ingresos, sino porque no tengo que pedir permiso a nadie para poder tomar un avión e irme a conocer el mundo. Son miles las personas que se siguen uniendo mensualmente a mis redes sociales. Cada día vamos creciendo más y más.

Nuevas puertas se van abriendo, escucho más historias alentadoras. Negocios creciendo, ventas en aumento. Me mantengo pendiente a los cambios y a las nuevas actualizaciones, no solo para llevarles nueva información, también para conocer otras plataformas, de manera tal, que pueda seguir creciendo y desarrollando mi negocio. Siempre busco cómo llevar mi negocio a la próxima etapa. Me hace sentir incómoda mantenerme haciendo lo mismo por un tiempo determinado sabiendo que vivimos en un mundo de constante cambio. Siendo emprendedora, pienso más allá constantemente. Quiero estar siempre un paso al frente del que me rodea y la única manera de poder conseguirlo es educándome continuamente; siguiendo, haciéndole ramas al árbol.

¿Y tú, cuándo arrancas? Esa es la pregunta que le hago constantemente a mi comunidad y la que te hago a ti en estos momentos. ¿Preparado para descubrir en qué eres bueno? ¿Listo para llevar la motivación a la acción? ¿Estás listo para vivir la magia de reinventarte y alcanzar el éxito? Yo estoy lista y voy por más, sin detenernos y dando pasos firmes.

ESTE ES SOLO EL COMIENZO

Ser madre es una de mis prioridades en la vida, por lo que generar dinero desde mi hogar es esencial. Tomando ciertas medidas que te escribí en este libro, descubrí el potencial que tenía y saqué a pasear lo extrovertido y creativo de mi ser. Imagino que estás pensando: ¿Y qué es lo próximo para Verónica? ¿Qué se te está ocurriendo en estos momentos? La mente no para. Descubrí que siempre estoy desarrollando ideas. ¿Qué irónico no? Antes no sabía para qué era buena, no sabía qué hacer con mi vida; y ahora, tengo muchas ideas a la vez. Me siento a escribirlas y a ponerles un tiempo de lanzamiento porque no me gusta hacer todo a la vez.

Tengo un pensamiento bien enfocado, como lo tienen las personas que les gusta trabajar en una idea a la vez, y hasta que no la vean desarrollada y lanzada, no van a la siguiente. Me gusta dedicarle cariño, el tiempo que requiera y que sea necesario para que ese nuevo proyecto salga, y salga bien.

Me he dado cuenta de que cuando sales de la zona de confort y de las ataduras, todo es más fácil de lo que pensabas. ¿Recuerdas cuando te dije anteriormente que veía a los emprendedores planificando nuevos negocios y que para ellos hacer dinero era tan fácil? Ahora me resulta sencillo poder venderles cualquier cosa a personas de todas partes del mundo. Después de que haya invención, creatividad y necesidad, desarrollar un negocio es muy fácil.

Así te sentirás tú cuando salgas de esa zona de ataduras, te liberes para caminar de acuerdo con lo que tu cuerpo y cerebro te digan. Hoy tengo más ganas de trabajar que nunca. Me siento empoderada. Siento que puedo ver lograda cualquier idea que se me meta en la cabeza. Tengo una seguridad en mí misma que no hay nada ni nadie que me la quite. He visto un potencial en mí y me he dado cuenta de que el mundo está hecho tanto para los hombres como para las mujeres; que actualmente las mujeres tenemos mayores oportunidades para empoderarnos.

Nos hemos levantado y demostrado que tenemos la fuerza, la pasión y la determinación para sobrepasar cualquier límite o paradigma existente. Ya vivimos en una era que hasta los hombres se han dado cuenta, y muchos se sienten orgullosos de eso. La verdad es que todos tenemos las mismas 24 horas del día y la misma capacidad en el cerebro. Somos nosotros quienes determinamos de qué manera utilizarlo. ¡Claro que vamos por más! Tengo una sed de crecimiento que por ahora no hay agua que me sacie. Y esa es la mentalidad que quiero que tú tengas.

¿Qué es lo próximo? Permanecer; pero eso lo hablaremos más adelante. Encontrar finalmente para qué somos buenos y reinventarnos es excitante, pero mantenerse enfocados, tener estructura y organización en el nuevo negocio es lo retador. ¡Ojo! No quiero que esto te paralice, como digo en mi libro *La magia de crear tu tienda online*. Aprendí que se falla el 100% de los intentos que no se hacen. Ya estamos aquí. ¿Qué tal si le damos con todo?

Ustedes serán enriquecidos en todo sentido para que en toda ocasión puedan ser generosos, y para que, por medio de nosotros, la generosidad de ustedes resulte en acciones de gracias a Dios (2 Corintios 9:11).

PASO 11

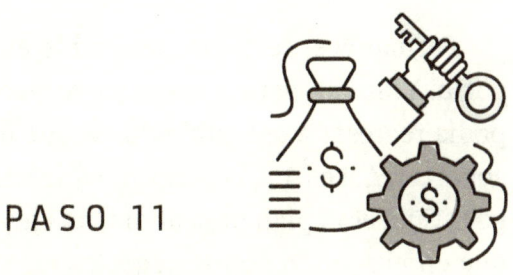

EMPRESARIO PARA SIEMPRE

Ahora es que se pone buena la cosa...y te voy a explicar por qué. Cuando nos reinventamos estamos en la etapa eufórica. Estamos en la magia de perseguir nuestros sueños, encontrar nuevas habilidades, descubrir para qué somos buenos y todo es fascinante. ¡Estamos en la etapa de "enchule" de nuestro negocio! Ahora, no quiero alarmarte, mucho menos desanimarte; (para todo hay una solución y te la explicaré en breve) desarrollar un negocio trae consigo situaciones, retos y muchas, pero muchas responsabilidades.

Uno de los desafíos que he visto grandemente en la industria es mantenerse. A medida que me desarrollaba como empresaria, veía profesionales a mi alrededor comenzando con emoción sus proyectos y a los meses, quitarse. Al ver esto, uno de los miedos que tenía era, ¿y si un mes la tienda online colapsa?, ¿y si un día mi marca personal se cae?, ¿y si le dejo de gustar a la gente?, ¿y si no consigo clientes? ¿y si algún día mi comunidad se cansa de aprender lo que hago?

Permanecer se había convertido en mi nuevo objetivo del negocio. Y no era para menos, ya yo había saltado, y sabía que no podía regresar a ese cubículo; es que mi mente no lo iba a poder soportar. Así es que la pregunta que hice fue: ¿Cómo me mantengo? ¿Cuál es el plan para ahora, en tres meses o en un año? Dicen que en el mundo de los negocios no es el que más sabe, sino el que más hace. Sin embargo, a esto yo le añadiría que no es ni el que más hace, es el que más produce.

He conocido personas brillantes, con ideas impresionantes, pero que empiezan y no terminan. Otros que hacen y hacen sin estructura o enfoque hacia los resultados que desean. Y aquí no hablamos de quién lo hace más rápido o lento, no es la velocidad con la que se hagan las cosas; es que se hagan las cosas. Vivimos en un ambiente de distracciones, de competencia, de quién hace más... y a veces por lo ruidos que escuchamos a nuestro alrededor perdemos el enfoque.

Una pregunta común que me hacen en entrevistas es: "Vero, ¿cómo te has mantenido por tantos años siendo líder en tu mercado?". Honestamente, yo me considero una empresaria que no deja de aprender y que siempre le hace falta mucho por hacer. No ha sido fácil, pero aquí te comparto puntos que aplico para tener continuidad y estabilidad en mi negocio.

1. **Planificación**: Todo comienza con un plan. Yo le llamo comenzar "con el final en mente". Debes tener muy claro desde el principio qué quieres lograr y a dónde quieres llegar. A mis estudiantes de *Ecommerce Avanzado* les específico la importancia de ANTES

de comenzar a preparar una tienda online, conocer cuánto desean ganar, qué quieren vender, a quién le quieren vender, por qué les van a comprar, qué necesitan para lograr lo que desean, entre otras.

Si no hay un plan, andamos a la deriva. Y si no llegamos a un puerto seguro, nos perdemos o terminaremos cansándonos en el camino. ¡Porque un negocio sin plan es agotador! Y un negocio que genere dinero no tiene por qué ser complicado. Todo lo que yo hago es cumplir con el objetivo principal. Ya no soy la más que hago, soy la más que produzco.

En mi caso, por ejemplo, como parte del éxito de la marca, lo que hago es mantener exposición en mis redes sociales. Sin embargo, si el contenido que tengo en mente no dirige a mi comunidad al objetivo de motivar, inspirar, registrar o comprar, no lo publico. Establezco un plan de lo que sucederá en mi negocio por trimestres, resultados que deseo en un año, en una década y mido el progreso. Pienso, ¿qué me ayudó o evitó progresar?

Samuel Clavell, coach y consultor de negocios, en una conferencia que dio en mi iglesia, decía que las personas con mentalidad mediocre planifican el día a día; las de mentalidad pobre, semana tras semana; las de mentalidad promedio, mes a mes; las de mentalidad rica, año a año; y las de mentalidad muy rica planifican por décadas. Planificar brinda dirección, seguridad y para nosotros, como dueños de negocios, tranquilidad.

En el mundo de los negocios "apagar fuegos" no es una realidad, y aunque sé que muchos piensan que hacer las cosas a última hora les funciona más, la verdad es que cuando hay un plan, todo sale mejor. Antes de tomar una acción en tu negocio, analiza: ¿Esto me acerca o me aleja de la meta?; ¿Me acerca o me aleja del plan establecido? Recuerda, son muchas tareas y el tiempo es apremiante. Hemos decidido crear un negocio para encontrar la libertad. Un empresario con un plan es un empresario estable.

> *Un empresario con un plan es un empresario estable.*

2. **Constancia:** Esta es mi clave #1. Ser constante nos diferencia de los demás. Cuando algunos comienzan, yo trabajo; cuando otros se distraen, yo trabajo; y cuando muchos terminan rindiéndose, yo sigo trabajando. Sigo y sigo enfocada, a mi ritmo. Si algo no funciona, analizo qué sucedió, por qué sucedió, reestructuro el plan si es necesario, pero no me rindo. Son muchos los que comienzan, pero pocos los que terminan, porque no todos están dispuestos a continuar cuando hay que caminar la cuesta hacia arriba. Durante estos años aprendí que mantener el éxito como compañero de vida es la suma de acciones que haces día a día.

3. **Disciplina:** ¡Esto lo es todo! Son pocos los que la tienen, pero si la desarrollas, te vuelves imparable. Cuando estamos motivados seguimos el plan al pie de la letra. *Piece of cake!* ¿Pero qué sucede cuando ese día no hay emoción, cuando estamos desanimados, cuando todo se volvió más complejo de lo que esperábamos? Ahí entra la disciplina.

Tengo colegas que me dicen: "Vero, ¿Cómo te mantienes motivada? Siempre te veo creando y creando". Les contesto que no siempre estoy motivada, pero tengo una agenda de trabajo y unos resultados específicos que deseo. Disciplina es hacer lo que hay que hacer, cuando haya que hacerlo. Sin quejas, sin excusas, sin justificaciones. Mantener exitoso un negocio conlleva trabajar cuando no hay ánimos, perseguir cuando todo se complica y continuar cuando todo parezca imposible.

4. **Crear un balance**: Como madre y esposa esto ha sido clave. Estar literalmente enamorada de mi negocio y tener un crecimiento exponencial rápidamente provocaron, sin darme cuenta, desenfoque en otras áreas de mi vida. Cuando todo estaba por derrumbarse pensé, ¿pero no querías tener tu negocio para tener más tiempo para ti y la familia? ¿Para esto emprendiste? En ocasiones me sentía agotada, sin energías y sin tiempo para la familia y para mí. Te puedo decir que estuve alrededor de dos años en mi emprendimiento, levantándome a las 6 am y acostándome a las 11 pm, creando, planificando, estructurando y claro, tenía en el negocio resultados asombrosos; pero mi mente y mi cuerpo estaban agotados. Hasta que leí *El Contador de Historias* de José Luis Navajo,[5] donde el autor dice:

---

5. Whitaker House Español, Marzo 6, 2018.

"Hay cosas que son importantes y otras que verdaderamente importan".

Mi corazón se estremeció...pensé: "Verónica, ¿cuándo fue la última vez que te dedicaste tiempo a ti?". Desde ese momento, aprendí a separar tiempo para mí. Aprendí que, si yo estoy bien, mi hijo, mi esposo, mi hogar, mi cuerpo, salud y negocio estarán bien. Apliqué y entendí claramente la frase que todos conocemos: "Hay tiempo para todo".

No hay negocio sostenible, si el cerebro, la mente maestra que eres tú, está agotado, y no disfruta los resultados. Así como aprendí que no es el que más gana, sino el que más gasta...aprendí que no es el que más gana, sino el que más tiene tiempo para disfrutar lo que gana. No hay vida perfecta, ni negocio perfecto...Cuando me preguntan cómo he creado un balance perfecto entre empresaria, esposa y madre, contesto: "No sé si es perfecto, pero he creado el balance perfecto para mí".

5. **Confianza en ti:** Esto me tomó tiempo. Todavía hay ocasiones que le digo a mi esposo: "¿Tú crees que lo pueda hacer bien?". Créeme, no soy perfecta. Cuando me llaman para proyectos más abarcadores de marcas reconocidas o figuras públicas, siempre escucho lo que me solicitan y la mayoría de las veces digo que sí, aún sin saber en primer momento cómo lo haré. Y lo hago porque yo sé que siempre buscaré la forma de cómo hacerlo hasta que salga. Cuando se me mete una idea en la cabeza, confío en mí.

Les cuento...Esta segunda edición que lees se da gracias a una oportunidad que me brindaron y que aún con miedos dije que sí. Estar trabajando con un equipo que ha estado de la mano con grandes autores como José Luis Navajo, Erwin Mc Manus y Omayra Font era una mega super presión para mí. En la primera reunión pensaba: ¿Cómo haré esto? ¿Estaré al nivel de los demás? ¿Y si les fallo? Ya saben, lo que le llaman el síndrome de impostor. Esa vocecita en tu cabeza que te dice: "No vas a poder con esto, no eres suficiente".

Aun teniendo ese torbellino en la cabeza, dije: "Claro que sí, ¿qué más necesitan? ¿Cuándo comenzamos? ¿Dónde firmo? ¡Jeje! Sin embargo, en una de las reuniones con mi editora Ofelia Pérez, algo hizo clic; esa confirmación de que estás en el lugar correcto. Tuve la confianza de decirle cómo me había estado sintiendo y Ofelia me contestó: "Simplemente escribe y elimina la presión. Conserva tu esencia". ¡El corazón me quería explotar!

Si ellos lo ven, ¿cómo atreverme a dudar de verlo?

Y eso es lo que quiero traerte en este punto. Tu esencia es lo que te hace único y especial. Muchos podrán conocer lo que tú sabes, quizás hay otros en el mercado "mejores" que tú, quizás eres el principiante o el que ya lleva muchos años; pero tu estilo, tu historia, tu experiencia y tu esencia son únicos. ¡Gracias, Ofelia!

No hay manera de mantener o hacer crecer un negocio, ¡si no te lo crees! Tú conoces cuáles son tus habilidades y fortalezas para seguir trabajando; y también conoces las debilidades para los momentos en los que hay que pedir ayuda. Pero NADIE más que tú conoce ese deseo ardiente que tienes dentro de ti para mantener el negocio que tanto has trabajado. ¡Tú eres capaz! ¡No te atrevas a boicotearte! Confía.

Cuando hablamos de permanecer, no me refiero a estancarnos; paralizar nuestros sueños o entrar a la zona de comodidad. Todo lo contrario. Permanecer es progresar, tener sueños nuevos y jamás entrar en otra zona de comodidad. Tenemos que "permanecer" porque ya hemos llegado hasta donde estamos y nos costó determinación, educación, creatividad, sobrevivir emocionalmente a los demás, visión, fe, y ¡tiempo! Después de toda esa inversión queremos continuar siendo empresarios. Pero sabemos que si queremos seguir siendo lo que somos y más (permanecer), no podemos estancarnos; tenemos que continuar creciendo e innovar, siendo constantes, disciplinados, con confianza en ti mismo y creando tu balance perfecto. Logramos permanecer cada vez que integramos algo nuevo, estrategias y productos diferentes; si nos mantenemos no "al día", sino más adelante que los demás. Esa es la manera de permanecer.

El día que dejemos de soñar, detenemos todas las oportunidades que Dios tiene para nosotros. Permanecer es meternos con seguridad al agua, conociendo y teniendo un plan para los riesgos y corrientes existentes; montarnos con seguridad en la ola y mantenernos en la cresta. ¡Todos podemos llegar!

CREA TU MAGIA

INNOVEMOS Y SIGAMOS CRECIENDO. PARA ESTO QUIERO QUE:

1. Desarrolles un plan sobre aquellas metas que deseas lograr en:

   - 3 meses
   - Un año
   - 10 años (una década)

2. Formula las siguientes preguntas:

   - ¿Qué alternativas tengo para llegar a esas metas?
   - ¿Cuáles son las etapas o fases que debo considerar para poder lograrlas?
   - ¿Qué otras ramas o vertientes puedo considerar para crecer mi negocio?
   - ¿Qué herramientas o a quienes necesito para poder lograrlo?

3. De ahora en adelante, con todo lo que hagas para tu negocio, quiero que pienses: ¿esto me acerca a la meta o me aleja de ella?
4. Coloca fechas exactas de lanzamientos, nuevos hábitos o proyectos.
5. Proyecta tus metas en un lugar visible (mesa de noche, nevera, o *wallpaper* de tu computadora o celular)

PASO 12

EL RETO DE IMPLEMENTAR ALGO NUEVO

No hay manera de escalar un negocio, si te mantienes haciendo lo mismo. A mis estudiantes de *Ecommerce Avanzado* les digo que no hay forma de generar más ingresos en nuestra tienda online si nuestro esfuerzo en el control de inventario, la creación de contenido y la inversión de anuncios es la misma. ¡No es posible! El famoso dicho de Albert Einstein es: "Si buscas resultados distintos, no hagas siempre lo mismo". Y aunque se escucha bonito y muchos lo dicen, la verdad es que como decimos en Puerto Rico, "con la boca es un mamey".

La realidad es que hacer cosas diferentes es incómodo, porque es un estado de salir de la zona de comodidad constantemente. Cuando te menciono hacer cosas diferentes, no me refiero a hoy hablar de mercadeo, mañana de leyes, y en una semana de comercio electrónico; hacer cosas diferentes es utilizar nuevas estrategias para escalar o acelerar la visión, el plan, aquello que deseas lograr desde el día #1. Es buscar alternativas para impactar más personas, agregar herramientas más costo-efectivas en el negocio, crecer el equipo, aumentar las ventas e ingresos, simplificar los procesos, minimizar gastos o errores que se han cometido, entre otros. Recuerda: la clave es permanecer, adaptarnos y seguir creciendo.

A mí me sucedió lo mismo, y supe que era momento de innovar cuando: #1, comencé a inspirar a otros a hacer lo mismo que yo; (algunos literalmente escribían o decían lo mismo); y #2, cuando nació el deseo ardiente de querer lograr, ganar, impactar y posicionarme más. Así es que pensé: ¿Cómo subo la barra de entrada? ¿Cómo me diferencio de los demás? ¿Cómo escalo el negocio? ¿Cómo puedo impactar más personas alrededor del mundo? Llegué a pensar, ¿de qué manera puedo ganar más, haciendo menos? ¿Será posible? Por supuesto que sí y ahora te cuento cómo hacerlo.

1. **Mantente aprendiendo** (mundo ilimitado)

    Vivimos en la mejor era del mundo. Un mundo despierto 24/7 y conectado a través de un solo lugar. Con herramientas disponibles, al alcance de un teléfono, computadora, tableta e Internet. ¿Te imaginaste poder conectar con personas de distintos países en segundos? ¿Hacer transacciones de compra y venta con el toque de un botón? ¿Hacer una búsqueda del tema que quieras y tener información completa y accesible a tus manos, donde hay educación por todos lados a tu gusto: podcasts, canales de YouTube, libros físicos o digitales, audiolibros, entre otros?

    ¡No hay excusas! Mantenerte educado te permite estar en la vanguardia, explorar nuevas estrategias, conocer e impactar nuevos mercados, aprender nuevas tecnologías y, sobre todo, planificar todas las posibilidades y alternativas que tiene tu negocio para ser más próspero y escalable.

Educarte te ayuda a ampliar tu creatividad, a desarrollar nuevos conceptos y ser diferente a los demás. Vivimos en un mundo que cambia constantemente; lo que hoy funciona, quizás mañana es obsoleto y tu negocio tiene que ser adaptable a los tiempos.

2. **Observa y crea nuevas oportunidades**

Esto me costó tiempo. No quería "molestar", estar detrás de las personas, visitar lugares donde no me han invitado, llamar y/o enviar emails porque sí; pero con el tiempo me di cuenta de que TIENES que hacerlo. Recuerdo que hace un tiempo, almorcé con mi amigo Tuko Alberto. Él me habló de sus proyectos y nuevas oportunidades que venían en camino para su negocio; yo solo llevaba aproximadamente cinco meses emprendiendo. Le pregunté: "Tuko, ¿cómo tú consigues todas estas oportunidades?". Él me contestó:" Pues yo le escribo emails o mensajes privados a todo el mundo y me presento".

¿Dentro de mí, me quedé como que "what?", ¿así porque sí?, "hola, soy verónica...". Inmediatamente supe lo que significaba eso: "No podemos esperar que las oportunidades lleguen a nosotros, tenemos que salir a buscarlas".

Así es que recuerdo que lo primero que hice fue crear una serie de propuestas, las imprimí y creé unas rutas en calles que sabía que se encontraban muchos negocios en mi país. Estuve días entrando a negocios y entregando propuestas a la mano. Muchos la recibieron y la dejaron por ahí; no veían necesario tener que crear tiendas online en ese momento; pero otros me entrevistaron, se interesaron y muchos se convirtieron en nuevos clientes. Otras las enviaba por correo electrónico y daba seguimiento para convertir prospectos en clientes.

Segundo, comencé a asistir a actividades de *networking* para conocer y conectar con nuevos empresarios. De las actividades salía con nuevos clientes, referidos y nuevas oportunidades. Escuchaba y aprendía de otros; anotaba todo y veía de qué manera podía aplicar lo aprendido en mi negocio. De actividades o charlas he conocido quienes ahora son mis amigos, mentores, colegas y hasta mi equipo de trabajo que me han permitido crecer y expandir mi negocio.

Comienza a crear propuestas, envíalas por emails, entrégalas personalmente, llama y da seguimiento, asiste a actividades, contacta a otros empresarios, preséntate siempre... ¿qué es lo peor que puede pasar? Si te enteraste de que en tal lugar estará el lanzamiento de un producto, o una actividad en un centro comercial, asiste. No tan solo asiste, comparte. ¡En esta industria los "de poca vergüenza o presentaos" somos los sobrevivientes! ¡Anímate!

Acepta oportunidades, aunque en el momento no sepas ni cómo lo harás, a menos que sea algo totalmente fuera de tu mercado. Pero si lo es, HAZLO; subcontrata a otros si una parte del proyecto no es tu *expertise* y listo. Algunas oportunidades aparecen de esta forma y siempre tenemos que estar preparados.

Por último, haz compañeros y colabora. Por un momento pensé que emprender era solitario y eso no es cierto. Recuerdo cuando comencé a participar para una organización que ayuda a empoderar a la mujer. Fue mi primera colaboración oficial. Esta organización me presentó cientos de mujeres donde pude darme a conocer. Ya cuando tienes la exposición, te toca a ti. Y así lo hice. Las chicas quedaron fascinadas con mi charla, me siguieron en las redes, y de seguidoras se convirtieron en clientes. Compraron mis libros, asistieron a mis eventos y hoy día muchas de ellas son parte de mi programa *Ecommerce Avanzado*.

3. **Controla los miedos**

Cuántas personas pierden o dejan de ganar por permitir que el miedo tome control. Me encantaría poder decirte que esto se va, pero no importa en la etapa que te encuentres él será ese asistente de la fiesta que no has invitado. Implementar algo nuevo en tu negocio es la excusa perfecta para que el miedo toque tu puerta. Sin embargo, es posible usarlo a tu favor. Siempre que doy mi clase online gratuita me hacen el mismo comentario: "Quiero entrar al programa, quiero tener mi tienda online...pero tengo miedo". Siempre contesto: "El miedo es el indicador de que viene una nueva etapa, crecimiento y un nuevo reto para tu negocio. Utiliza el miedo a tu favor. Cuando este llegue, explícale que vas a reclamar "lo que te mereces". Yo le digo al miedo: "Contigo o sin ti, seguiré trabajando".

4. **Diversifica sin perder objetivo**

    Cuando permaneces, luego te toca pensar: ¿Cómo puedo acaparar otros mercados? ¿Cómo puedo desarrollar otras fuentes de ingresos? ¿Cómo expandir mis productos o servicios a otros países? Para lograr esto…

    a. **Analiza qué hace falta para lograr lo que quieres.** Identifica si necesitas herramientas, un equipo de trabajo, mentor o coach, adiestramientos, un contable para planificar tus finanzas.
    b. **Estudia el mercado.** Haz un *research*, identifica las marcas más influyentes del mundo y estúdialas, conoce la historia de su CEO, qué hizo, cómo lo hizo, en que falló, en qué se destacó.
    c. **Establece prioridades:** Tener muchas ideas y diversificarnos puede ser abrumador. Para no perder el objetivo, divide las tareas por orden de prioridad, y enfócate en una cosa a la vez.
    d. **Mide los resultados**: Analiza los procesos. ¿En qué etapa nos encontramos? ¿Vamos por el camino correcto? ¿Estamos cumpliendo con el plan?

5. **Invierte para recibir**

    Al momento de innovar en nuestro negocio, invertir es el factor principal del proceso. Invertir en tiempo, herramientas, empleados y claro, dinero. Lo bueno de invertir es que siempre hay una recompensa. Cuando personas de mi comunidad me preguntan cuánto invertir en promoción en sus tiendas online

El reto de implementar algo nuevo

para generar ventas, les contesto que mejor se enfoquen en cuánto quieren recibir... en cuánto quieren ganar. Si por cada $20 recibes $300 en ventas, ¿cuántos $20 estarías dispuesto a invertir? Probablemente la contestación vendrá de cuánto quieres ganar. Y así funcionan los negocios; si quiero empleados más preparados, invierto en adiestramientos o herramientas; si quiero un negocio más innovador y avanzado, invierto en tecnología; si quiero ser mejor orador, invierto en educación; si quiero bajar de peso, invierto tiempo para hacer ejercicios.

Una parte fundamental de invertir es tener paciencia. Cuando comencé a generar dinero de mi negocio invertí en criptomonedas. En cuatro años mi cuenta digital había aumentado 50 veces lo invertido. ¡En 4 años y sigue en aumento! Hay que tener paciencia cuando se invierte en ideas de negocios, cuando se compra para revender casas, cuando se quiere impactar nuevos mercados en el mundo. Paciencia. Para que invertir sea parte de tu negocio para implementar cosas nuevas, utiliza un porciento de tus ganancias para invertirlo en mercadeo, posicionamiento, formación. A corto o largo plazo recibirás tu recompensa.

Si has llegado a leer este libro hasta aquí, es porque estás en algunos de estos pasos, ya sea porque estás reconociendo que necesitas un cambio o desintoxicarte. Si estás aquí es por un propósito, es porque reconoces que tienes el potencial para hacer lo que te dé la gana. Si ya estás emprendiendo, estás aquí para asegurarte que has llegado a donde tienes que estar, que aún falta mucho por hacer y que siempre puedes superarte y sorprenderte. Lo creo porque lo viví, y estoy segura de que tú también puedes lograrlo. Determinación, enfoque y sabiduría permitirán que alcances el éxito que tanto estás deseando. Quiero que te des la oportunidad de vivir esta magia de trabajar para ti y reinventarte.

Agradecida estoy de que hayas podido tener este libro en tus manos y esperanzada de poder ser ayuda para que puedas encontrar tu verdadera felicidad. Ya pudiste ver que, si una ingeniera ambiental pudo dedicarse y distinguirse en las ventas en el mercado digital, tú puedes hacer lo que desees incluso si ese deseo no fue tu preparación inicial. Dejemos a un lado los *"me gradué en esto, "tengo que laborar en esto" o "nunca he hecho eso, no voy a poder hacerlo"*. Como te mencioné al comienzo, vivimos en momentos diferentes y tenemos que hacer cosas distintas. Es nuestra responsabilidad salir de nuestra zona de comodidad y experimentar por otras vertientes.

¡Vamos a sorprendernos a nosotros mismos cada día! ¡Demostrémonos que somos capaces de hacer más de lo que aprendimos en una universidad o en la calle! Mantengámonos atentos a lo que sucede en el mundo y aprovechémonos de eso. Sé consciente de que, te tardes mucho o poco, lo lograrás.

CREA TU MAGIA

SIEMPRE PIENSA: ¿QUÉ ES LO PRÓXIMO?

No quisiera culminar este libro sin antes dejarte un regalo. Un obsequio que para mí ha sido la varita mágica que transforma mi negocio en mi recorrido por este mundo. El proceso de reinvención, aunque no sucede de un día para otro, es un proceso que hechiza tu vida y que sí cambia tu manera de pensar y de actuar como por arte de magia. Me he dado cuenta de que lo que experimentan los emprendedores para ser exitosos es como una fórmula mágica. Todos tienen diferentes historias, pero utilizan las mismas pociones.

Quiero enseñarte algunas de ellas y los consejos que dan los expertos. Lee, administra y pon en práctica diariamente estas pociones, según cada cual. Te ayudarán a alcanzar y mantenerte en el éxito.

¡Disfruta la magia de reinventarte! ¿Vamos por más? ¡Claro que sí!

PARTE II

LAS POCIONES DEL ÉXITO

"Conocimiento, disciplina, constancia, madurez, introspección, enfoque, visión, mente de abundancia, gratitud y elección de las personas correctas son las pociones combinadas en el brebaje del éxito. Practícalas a diario en grandes cantidades y permanecerás donde siempre has soñado vivir".
—Verónica Avilés

A medida que voy emprendiendo, voy incorporando nuevos hábitos en mi formación como empresaria. No tan solo hábitos físicos, también hábitos emocionales. Aun con mi negocio activo, no dejo de aprender y de educarme. Mensualmente, leo de 3 a 5 libros para mantenerme enfocada y saludable, tanto física como espiritualmente. Ha sido mucho lo que he aprendido de algunos grandes autores, empresarios, líderes del *e-commerce* o de cualquier otro negocio. Fíjate que especifico algunos, ¡porque son tantos! Te soy bien honesta. Mientras escribía esta parte, quería leer lo más que pudiera de otros autores, porque sé que hay tantos consejos en relación con el éxito. Pero si espero a leer lo que piensan todos estos autores, nunca hubiera lanzado este libro. Déjame demostrarte lo que estos autores tienen en común cuando describen esta magia. ¡Te sorprenderás!

POCIÓN 1

NUNCA LO SABEMOS TODO

"Quien cree que ya lo aprendió todo, quedó preparado para un mundo que ya no existe".
— Xavier Cornejo *(La historia dentro de ti)*

Mientras leo, identifico que son muchos los expertos que aconsejan ser abiertos a aprender cosas nuevas todos los días y que en el momento que dejamos de aprender, estamos sujetos a fracasar.

Significa levantarnos cada mañana dispuestos a aprender de los que saben. Lanzarnos a aventurar y aprender nuevos temas para generar nuevos proyectos.

"En el minuto en que te encuentres cómodo, has dejado de crecer".
—Harv Eker

Todo el tiempo estamos aprendiendo a medida que vamos escalando nuevos propósitos en nuestro negocio.

"Saber es ser ignorante. No saber es el principio de la sabiduría".
—J. Krishnamurti

Mientras menos creamos que sabemos, mejor, así estamos listos para aprender algo nuevo. No se aprende hablando, sino preguntando y escuchando. Estoy muy de acuerdo con que el éxito a veces puede ser peligroso. El éxito es bueno, pero debemos tener cuidado cuando lo alcanzamos. Para algunos puede ser el motor para comenzar nuevos proyectos, pero para otros puede ser el comienzo de entrar en la zona de comodidad, tirarse hacia atrás y ver en los próximos años cómo se va deteriorando su negocio. Si reconocemos la importancia de educarnos constantemente y creamos el hábito, esto será un pan comido para nosotros. Podemos educarnos tomando seminarios en línea o presenciales, leyendo o escuchando libros, viendo vídeos de personas influyentes en los negocios, entre otros. El que piense que no hay nada más que aprender, está destinado al fracaso. Si te sientes muy cómodo donde estás, es porque ya necesitas hacer algo diferente y aprender algo nuevo. Recuerda que no es llegar al éxito, es tenerlo como tu compañero de vida.

> *Si te sientes muy cómodo donde estás, es porque ya necesitas hacer algo diferente y aprender algo nuevo. Recuerda que no es llegar al éxito, es tenerlo como tu compañero de vida.*

POCIÓN 2

DISCIPLINA

La disciplina es el aspecto más difícil de desarrollar. Realmente, ser disciplinado es una cualidad que muchos no poseen. Algunos empresarios exitosos han tenido que aprender a desarrollar la disciplina para poder llevar su idea a la acción y mantener el éxito.

> *"Una vida estructurada te impulsa a ejecutar, aunque no tengas ganas de hacerlo. Esto es lo fabuloso de la disciplina. Te ayuda a tomar pequeñas acciones, todos los días, en todas las áreas de tu vida, con el fin mayor de alcanzar gradualmente tus metas".*
> — OMAYRA FONT *(Mujer, sueña)*

Decir *quiero ser exitoso* es fácil, pero ¿verdaderamente trabajamos para que esto suceda? ¿Mantenemos nuestro compromiso para poder lograrlo? Por ejemplo, la motivación es un sentimiento que puede ayudarnos a llevar una idea a la acción de una manera rápida, pero ¿qué pasaría con la idea y el desarrollo del negocio cuando tenemos días "malos", cuando los planes no salen como pensábamos y entramos en momentos de frustración? ¿Se tiene que detener la idea de negocio por eso? Nadie está exento de pasar por momentos difíciles en su vida, ya sea en el negocio o en el hogar, pero la virtud que tiene la disciplina es que, no importa cómo nos sintamos emocionalmente, provoca que sigamos trabajando.

Por ejemplo, mientras comenzaba a desarrollar este libro, tenía como asignación crear una carta de compromiso. Era un acuerdo en el que me comprometía a escribir una hora diaria en la mañana, de lunes a viernes. Honestamente, no pude cumplir todas las mañanas, ya sea porque no dormí bien la noche anterior o porque me levanté ajorada a preparar el niño para la escuela. Sin embargo, pude haber pospuesto para la tarde o la noche esa hora diaria para escribir el libro, pero nunca la perdí porque estaba comprometida conmigo misma. La disciplina se da cuando te comprometes y llevas a cabo lo que deseas porque sabes que, si no haces lo que te habías propuesto, te estás fallando.

"El éxito es simplemente la aplicación diaria de la disciplina".
—Jim Rohn

La disciplina es una acción continua, es crear hábitos diarios. Si escribiste en tu plan de trabajo que al final de este mes se lograrán ciertos objetivos, es aplicarte para que estos sean alcanzados. En lo personal, me gusta escribir mis metas a corto y largo plazo y ponerles fechas de lanzamiento; ya esto es una alarma escrita cuya función es que sienta la responsabilidad de tener que lograrlo para no fallarme a mí misma. La disciplina son las manos y los pies que mueven al emprendedor. Es la cualidad que identifica quiénes son los emprendedores que verdaderamente serán exitosos.

La disciplina son las manos y los pies que mueven al emprendedor.

POCIÓN 3

CONSTANCIA

"Resultados diferentes no se alcanzan con momentos diferentes, sino en días consistentes".
—Xavier Cornejo (*El Puente*)

El éxito no llega por arte de magia. El trabajo y el esfuerzo diarios son lo que nos llevan a ello. Son muchas las personas que tienen una idea de negocio y, luego de unos meses, se quitan y la idea quedó guardada en un armario. ¿Por qué? Quizás porque no vieron resultados en el tiempo que esperaban o querían. Hay personas que se creen que un negocio será exitoso de la noche a la mañana. Hasta una idea de negocio toma su tiempo. Tengo estudiantes que se frustran porque a la semana de crear su tienda virtual no tienen ninguna venta, ¡a la semana de haberla lanzado!

Sin haber creado una comunidad, ya quieren que su tienda genere ventas y dinero; o hacen una campaña publicitaria y quieren que esta genere todas las ventas de su negocio. Las redes sociales no funcionan de esa manera. Tú tienes que crear contenido de valor diario, sí, diario. No sobre temas que te gusten a ti, sino de temas que le gusten a tu comunidad.

Gary Vaynerchuk habla en su libro *Jab, Jab, Jab, Right Hook*,[6] acerca de la importancia de ser constantes en crear contenido de valor para nuestro público en nuestras redes sociales. También explica la importancia de estudiar quién nos ve y nos lee para poder saber qué es lo que le gusta. En las tiendas virtuales pasa lo mismo. No podemos esperar tener ventas cuando diariamente no le damos el cariño que necesita nuestro negocio. Mi hermano, Carlos Avilés, crea diariamente un vlog (Facebook.com/carlosavilespr) en el que documenta su jornada laboral en el concesionario de autos. Enseña su inventario de vehículos, las diferentes reuniones que tiene como empresario, entre otras cosas.

Otros dueños de concesionarios comenzaron a hacer lo mismo cuando vieron los resultados exitosos de mi hermano. Cuando él me lo dijo, le contesté: "*Ya mismo se quitan*". Y así fue. No obtuvieron éxito con sus vlogs porque no fueron constantes. Gracias a sus vlogs, Carlos Avilés ha logrado ser seguido por miles de personas en Puerto Rico e invitado a diferentes emisoras de radio y programas de televisión. Son miles los *views* que tienen sus vídeos en Facebook. Todo, por su constancia.

Puede ser que al comienzo no veamos resultados y eso es totalmente normal, pero a medida que somos constantes, es inevitable alcanzar el éxito. ¿Cómo podemos ejercitar la constancia? Creando hábitos y siendo disciplinado. La constancia no permite que nos rindamos a pesar de las circunstancias. La constancia nos hace expertos en nuestro negocio.

---

6. Harper Business, Noviembre 26, 2013.

El reto de implementar algo nuevo

El orador Peter Lowe le dijo una vez: *"El rasgo más común que he descubierto en las personas de éxito es que vencieron la tentación a rendirse".*

"Si usted estudia algo cada día durante una hora, cinco días a la semana, en cinco años se convertirá en un experto en ese campo".
—Earl Nightingale

"¿No ha tenido éxito?, ¡continúe! ¿Ha tenido éxito? ¡Continúe!".
—Fridtjof Nansen

El empresario exitoso no es el que comienza, es el que permanece. Sé constante.

POCIÓN 4

MADUREZ

Por tener madurez empresarial nos referimos a hacernos cargo y responsables de lo que tenemos y de lo que viene.

> *"Antes de comenzar, estoy listo para hacerme cargo. Aunque no lo sepa todo, aunque no tenga todos los recursos, aunque me falte mirada o me sobre temor, me hago cargo".*
> —Héctor Teme *(Lo que los exitosos piensan)*

La madurez es parte del crecimiento de los empresarios exitosos. Cuando hablo de ella, no me refiero a tu edad, sino a la habilidad que tienes para sobrellevar las adversidades y los nuevos retos, ya sea en tu vida personal como en los negocios. Por ejemplo, reaccionar negativamente a la adversidad genera problemas adicionales (de salud, faltas de respeto, financieros, etc.). Entonces, no solo tenemos la situación adversa, sino las que se crean por las reacciones ante la adversidad. Sin embargo, si respondes positivamente a la adversidad, vendrán bendiciones, nuevas experiencias, oportunidades y aprendizajes.

La madurez es una característica que poseen los emprendedores exitosos cuando están abiertos a recibir críticas constructivas.

Están dispuestos a aprender de otros y a escuchar lo que tienen que decir los demás para poder mejorar. Disfruta los cambios. La madurez nos da sabiduría, mantiene positivos nuestros pensamientos, vemos con claridad y podemos determinar qué nos funciona y qué no en nuestro negocio.

Reaccionar negativamente a la adversidad genera problemas adicionales (de salud, faltas de respeto, financieros, etc.). Entonces, no solo tenemos la situación adversa, sino las que se crean por las reacciones ante la adversidad.

La madurez es tener en cuenta que habrá decisiones que serán difíciles de tomar para obtener los resultados esperados; quizás, implique renunciar a cosas que nos gustan. ¿Recuerdas cuando te hablé de la desintoxicación en el *Paso 5*? Al comienzo, fue fuerte alejarme por un tiempo de lo que me gustaba, pero eso fue lo que me llevó a donde estoy hoy. La madurez es estar dispuesto a sacrificarse por un tiempo para crear esos nuevos hábitos y llegar a la meta.

POCIÓN 5

RODEARNOS DE PERSONAS EXITOSAS

¡Cuán importante es este punto! Te lo presenté en el *Paso 2: Observa quién te rodea,* por mi experiencia, y ahora te demuestro cómo los expertos opinan sobre este tema. Mi vida cambió inmediatamente cuando me alejé de las personas que no iban a aportar nada en mi conocimiento, en el desarrollo como emprendedora y en la formación de mi negocio. También sentí el cambio cuando fui bien selectiva a la hora de pedir consejos.

> *"Ten cuidado a quién pides consejos. Yo recibo consejos de personas que están donde yo quiero llegar".*
> —Robert Kiyosaki *(Padre rico, padre pobre)*

No podemos escuchar consejos de personas que no han logrado nada. Estos podrían llevarnos al "no puedo, esto es muy difícil".

> *"Gente común ha logrado resultados poco comunes cuando supo elegir la meta idónea y rodearse de las personas adecuadas".*
> —José Luis Navajo

"Todos necesitamos gente que nos impulse a salir de nuestra zona de comodidad y nos ponga delante de nuestros sueños, para correr por ellos hasta alcanzarlos".
—Omayra Font *(Mujer, sueña)*

"No se puede ser una persona pequeña cuando se anda con personas grandes, y no se puede ser una persona grande cuando se anda con personas pequeñas".
—Xavier Cornejo *(La historia dentro de ti)*

¿Quieres ser exitoso? Te invito a conocer y aprender de ellos.

"La gente rica anda con ganadores; la gente pobre anda con perdedores".
—Harv Eker *(Los secretos de la mente millonaria)*

No se refiere solo a lo económico, también a lo mental. Pero eso lo hablaremos más adelante. Tengo estudiantes que requieren hablar conmigo todos los días. Hay algunos que me dicen que entran a mi página en las redes sociales para sentirse motivados a comenzar su día. Eso me emociona porque significa que están buscando alternativas y posibilidades para su desarrollo como emprendedores. Y si mi página les sirve de inspiración, puedo llegar a la conclusión de que les estoy reflejando positivismo, autoconfianza y ya, para mí, eso es un éxito.

"El secreto de mi éxito fue rodearme con gente mejor que yo".
—Andrew Carnegie, *empresario y filántropo*

Además, piensa un minuto. ¿Cómo sería estar la mayor parte del día con personas exitosas, tomarnos un café con personas sabias, o tener una reunión estratégica con personas que han tenido la disciplina, el enfoque y el coraje para lograr lo que desean... pasar un almuerzo con personas visionarias, poderlas llamar cuando nos quedemos en blanco, *tilteados,* y que sepamos que nos pueden dar el mejor consejo porque han experimentado el éxito? Como te dije anteriormente, rodéate con gente exitosa; los cambios en tu vida te sorprenderán.

POCIÓN 6

INTROSPECCIÓN

Los expertos coinciden en que es necesario tomar un tiempo a solas para pensar...

- ¿Qué queremos hacer con nuestra vida?
- ¿Cuál es nuestro propósito?
- ¿Para qué somos buenos?
- ¿Cuál es nuestra idea de negocio?
- ¿Cómo la desarrollaremos?
- ¿Qué resultados esperamos?
- ¿Cuál es el próximo paso?
- ¿Cuáles son las metas a corto y largo plazo?
- ¿Quiénes nos influenciarán?
- ¿Cuáles son los posibles retos?
- ¿Cómo nos prepararemos para el peor escenario?
- ¿Cómo nos prepararemos para el éxito?
- ¿Cómo ayudaremos a los demás?

Necesitamos nuestro tiempo a solas para escuchar y sentir nuestras preocupaciones y miedos, ya sea hablándote a ti mismo (como acostumbro a hacer), escuchar música relajante, orando o meditando.

"Por lo tanto, hay que hacer estas preguntas: si no estás donde quieres estar, ¿por qué sigues decidiendo quedarte donde estás? Si sabes que hay un futuro esperándote, ¿por qué decides quedarte atrapado en el pasado? ¿Qué será necesario para sacudirte y sacarte de la seguridad donde estás, para perseguir lo que puede obtenerse solamente en un futuro incierto?"
—Erwin Mc Manus *(La última flecha)*

Dentro de la introspección, nos valoramos.

"Puedo asegurarte que hay personas que se pasan toda la vida transportando las cajas que son ellos; sin descubrir los tesoros que llevan dentro. Mendigan del exterior, cuando si mirasen en su interior, descubrirán que tienen enormes riquezas".
—José Luis Navajo *(Peldaños a la cumbre)*

Es importante tener el control de cómo nos sentimos y entender por qué nos estamos sintiendo de esa manera para así poder autoayudarnos y continuar con la meta establecida; mirarnos a nosotros mismos para ver en qué estamos fallando como personas y como empresarios. Preguntarnos por qué lo estamos haciendo de esa forma y cómo lo vamos a mejorar.

¡Te invito a que hagas tu lista de recursos! Yo la tengo dentro de la gaveta de mi mesita de noche y cuando siento temor o tristeza, la saco y la leo. Me pongo a recordar todas esas experiencias bonitas que he vivido, ya sea con la familia, con el negocio o con mi pareja. Automáticamente, cambia mi frecuencia y convierto el pensamiento negativo a uno positivo. Escríbela; en el momento menos esperado, la necesitarás.

POCIÓN 7

ENFOQUE

Este es nuestro motor. Cuando nos sentimos frustrados o perdidos, el enfoque nos recuerda cuál es el propósito de lo que estamos haciendo o lo que queremos lograr. Cuando estamos enfocados, no hay debilidades. El enfoque evita las distracciones y nos da energía para continuar trabajando en la idea de negocio.

"El enfoque no tiene que ver con mayor intensidad, sino con mayor intencionalidad".
—Xavier Cornejo *(La historia dentro de ti)*

Nos recomienda que usemos nuestro enfoque en nuestras fortalezas y en lo que nos produce nuestro mayor beneficio y recompensa. Podemos mantenernos enfocados buscando un lugar en particular para crear o pensar. En mi caso, tengo mi oficina. Es la única parte de la casa en donde he creado la disciplina para crear y pensar. El alejarnos de todo lo que pueda causarnos una distracción, nos ayuda a enfocarnos; por ejemplo, buscar o crear un área que no tenga radio o televisor.

POCIÓN 8

DECLARAR Y TENER VISIÓN ANTE EL ÉXITO

Harv Eker describe el término *declaración* de una forma bien interesante:

> *"Una declaración no es decir que algo sea cierto: es manifestar que tenemos la intención de hacer o de ser algo. Se trata de una postura que la vocecita puede tragarse, ya que no estamos diciendo que sea cierto ahora mismo, sino que tenemos la intención de que lo sea en el futuro. Te recomiendo que pronuncies tus declaraciones en voz alta cada mañana y cada noche".*

Desde el día que leí eso, sin falta, anoto en mi agenda lo que quiero lograr y que voy a obtener o pego *post it notes* en las paredes de mi oficina. De esta manera, lo veo constantemente y atraigo esa energía hacia a mí. Siempre he estado reacia a estas cosas de la energía y la ley de atracción. Sin embargo, ¿qué tiene de malo atraer y pensar cosas positivas?, ¿Qué es lo peor que puede pasar? La verdad es que nada. Lo puedo ver como una motivación diaria para mí; más bien, como una visión y una proyección de cómo quiero verme en los próximos días o años.

"Deja de vivir como un autómata y vive cada día mirando cómo la fe rige tus detalles y tu capacidad para crear esas cosas pequeñas que insistes en no percibir. Entonces, dirige tu intención para creer que puedes crear lo más grande que persigues en tu vida".

—Omayra Font *(Mujer, crea)*

El libro *Piense y hágase rico*, de Napoleón Hill habla de la importancia de tener constantemente ese deseo ardiente para atraer lo que tenemos en nuestros pensamientos. Todos estos autores se expresan de una manera distinta, pero ambos llegan a la conclusión de que declarar, decir, pensar o atraer algo que queremos lograr, es visión, motivación o atracción para obtener lo que queramos; y, si en este caso, es el éxito, también podemos alcanzarlo. Termino esta poción con este gran pensamiento:

"Puedes controlar tu propia mente, tienes el poder de alimentarla con cualquier impulso de pensamiento que elijas. Con este privilegio viene la responsabilidad de usarlos de manera constructiva. Tú eres el dueño de tu propio destino terrenal, con tanta seguridad como que tienes el poder de controlar tus propios pensamientos. Puedes influenciar, dirigir y controlar tu propio entorno, haciendo que tu vida sea lo que tú quieras que sea o puedes negarte a ejercitar este privilegio, que es tuyo, de hacer tu vida a (tu) medida, y colocarte así en el ancho mar de las 'circunstancias', donde te tambalearás de aquí para allá, como una astilla en el océano".

—Napoleón Hill, *(Piense y hágase rico)*

POCIÓN 9

MENTE DE ABUNDANCIA

...Y no hablamos de dinero. Me refiero a la mente positiva y optimista. Es el pensamiento en el que prevalece el deseo de obtener más y trabajar para lograrlo. En el libro de *Los secretos de la mente millonaria* aprendí que las personas con mente de abundancia, no se victimizan (echarles la culpa a otros para no tomar acción: al gobierno, al jefe, a los compañeros, a la familia, a los empleados), no se justifican (*"es que estamos en temporada baja; a otros también se les ha hecho difícil; el dinero no es importante"*) y no se quejan (*"el jefe no me apoya, es muy difícil, yo no puedo"*).

> *"Si quieres vivir una vida simple, eso es hermoso. Si quieres utilizarlo como excusa para vivir por debajo de la capacidad que Dios te ha dado, eso es negligencia".*
> —Erwin Mc Manus *(La última flecha)*

> *"Es mejor pensar en abundancia y prosperidad que en fracaso y tristeza. Tú decides en cuál te sintonizas".*
> —Luz María Doria *(Tu momento estelar)*

Una mente de abundancia proviene de personas que se enfocan en dar soluciones, no contribuir y engrandecer los problemas.

La mente de abundancia ve oportunidades donde los demás ven obstáculos o tiempos difíciles.

"Nunca es un mal momento para comenzar un negocio, a menos que sea un negocio mediocre. Yo pienso que tiempos bajos en la economía representan una gran oportunidad para enfocarse y lanzarse. La persona que pueda dominar durante tiempos difíciles es la persona que puede dominar siempre. Punto."
—Gary Vaynerchuk *(Crush It)*

Las personas que tienen una mente de abundancia también pueden tener miedos, recuerda que es un sentimiento natural del ser humano. La diferencia de la mente de abundancia versus la mente pobre es que la primera no permite que los miedos sean un obstáculo para obtener lo que quiere.

"Nunca debes permitir que el temor te mantenga atrapado. El momento en que decides jugar a lo seguro, has perdido el partido. En lugar de huir de tus temores, apóyate en ellos, porque al otro lado de ellos está el futuro que anhelas. Esos momentos forman carácter y forjan el futuro"
—Erwin Mc Manus *(La última flecha)*

POCIÓN 10

DAR DE LO QUE TENEMOS Y SER AGRADECIDOS

Te aseguro que esta poción es la que mantiene el éxito. ¡Bébetela todos los días! No tan solo me sorprendió, me enorgulleció leer el pensamiento de varios expertos sobre la importancia de dar de lo que se ha recibido. Todos lo han puesto como un punto clave para obtener más y mantenerse exitoso. Ya sea por el karma, por la ley de atracción, o porque lo dice en la Biblia, sea cual sea la creencia de cada uno de ellos, todos llegan a la misma conclusión de brindar y enseñar a los demás nuestros conocimientos. La Biblia nos instruye: *"Dad y se os dará; medida buena, apretada, remecida y rebosando darán en vuestro regazo; porque con la misma medida con que medís, os volverán a medir"* (Lucas 6:38). Es una ley simple de dar para recibir, con el mismo estilo que damos, así lo recibiremos.

Esa es la magia de esta poción: dar de lo que poseemos o de lo que estamos capacitados, y darlo de manera genuina. El dar nos empodera, nos hace más grandes.

"A cuanta más gente ayudes, má s "rico" te volverás: a nivel mental, emocional, espiritual y, definitivamente, económico".
—Harv Eker (*Los secretos de la mente millonaria*)

Cuando pongas esto en práctica, te darás cuenta de la importancia de vivir no solo para ti, sino aportando siempre el granito de arena para los demás. Eso es satisfacción pura para el corazón.

Cada día, Benjamín Franklin se hacía dos *preguntas: En la mañana, "¿Qué bien voy a hacer hoy? Antes de acostarse, ¿Qué bien he hecho hoy?".*

El dar nos hace sabios y recibimos como regalos el agradecimiento y el ver el crecimiento de otros. El agradecimiento es la poción más importante: el sentirse agradecidos por tener la oportunidad de dar a otros. Dar gracias por poder levantarnos, por tener nuestros sentidos, por el día, por la noche, por nuestro trabajo, por nuestras finanzas, por la salud, por los alimentos, por nuestros seres queridos. Agradece hasta cuando te ocurran momentos negativos porque tienes la confianza de haber aprendido algo nuevo.

Ser generosos de corazón y ser agradecidos: la poción perfecta, para tener una vida mágica y llena de éxitos.

"Una persona generosa siempre tiene amigos".
—Otoniel Font (*Amistades que sanan*)

"La gente generosa es la gente más feliz".
—Luz María Doria (*Tu momento estelar*)

POCIÓN 11

AUTORIDAD

Lo más que disfruto al leer o escuchar a los exitosos es ver con la autoridad que piensan y actúan en cada uno de sus negocios. A medida que voy leyendo sobre el tema me doy cuenta de que la autoridad depende 100% de nosotros mismos: la que desarrollamos por nosotros mismos y la que recibimos de los que nos rodean, en base a nuestros comportamientos. Mostramos autoridad cuando:

a. Manejamos nuestros pensamientos: Cuando leí el libro de Mel Robbins, *The 5 Second Rule*, aprendí la habilidad que podemos crear de controlar y manejar nuestros pensamientos. En el momento que llega un pensamiento ofensivo o de desconfianza para nosotros mismos, debemos contar de manera regresiva 5,4,3,2,1 y cambiar la frecuencia de nuestros estos.

b. Nos hablamos de la manera correcta: Siempre le digo a mi comunidad que no es lo mismo decir "soy mala con las redes sociales o no sirvo para hacer videos en vivo" a decir "Necesito aprender o necesito practicar el manejo de las redes sociales". Tus palabras tienen valor.

c. Respetamos nuestro conocimiento, experiencias y lo que hacemos: En mi caso, yo sé identificar cuándo una tienda online no está teniendo ventas, por qué no está teniendo ventas y cómo lo puede mejorar. Ese es mi *expertise*, yo soy autoridad en mi mercado. Y tú también lo eres en el tuyo. Te tomó tiempo, dedicación, esfuerzo y debes reconocerlo. Para que otros vean la autoridad que hay en ti, debes creértelo, respetarte y mostrarlo.

d. Ayudamos a otros (impactamos a otros): Donald Miller, en su libro *Building a Storybrand* dice: "Cuando hablo de autoridad, en realidad estoy hablando de alguien competente. Cuando se trata de buscar un guía, las personas confían en alguien que sabe lo que está haciendo. Este no tiene que ser perfecto, pero debe tener la experiencia para ayudar a otros héroes a ganar el día". Una de las maneras de mostrar autoridad es cuando otros hablan por nosotros; de cómo los inspiramos, ayudamos e impactamos positivamente sus vidas.

La autoridad que proyectamos al exterior comienza desde cómo desarrollamos la autoridad en nuestra mente e interior. Todo comienza de adentro hacia afuera. Y ese es el nivel de autoridad que quiero que tú aspires.

POCIÓN 12

ACCESO BALANCEADO

En esta poción nos referimos a ese acceso que puedan tener otras personas a mi vida y negocio. Recuerdo cuando mi negocio crecía exponencialmente; pensaba que las personas que se encontraban a mi alrededor ya no me entendían. Me agobiaba pensar el por qué los demás no podían ver o querer lo que yo estaba viendo y deseando. A lo largo del tiempo comprendí varias cosas: #1 que nadie puede entenderte; solo validar tus sentimientos y afanes. #2 que nadie tiene que entenderte; solo tú conoces cómo corren tu mente, tus ideas, pensamientos; son tus sueños y eso es suficiente, #3 que las personas llegarán por un propósito en tu vida, y que cuando lo hayan cumplido tienen que marcharse, #4 que para avanzar hay que soltar para caminar más liviano y #5 que el crecimiento duele, pero es necesario porque siempre te enseña algo.

Así es que piensa: ¿a quién le doy mi tiempo? ¿por qué le doy mi tiempo? ¿Quién tiene acceso a mí? ¿Por qué tiene acceso a mí? Como te mencioné en el capítulo de quien te rodea, hay personas para disfrutar de un buen paseo, algunas para hablar de ideas de negocios, familiares para recordar momentos y otras que son refrigerios para el alma. Cada una tiene su valor, tiempo y momento.

Mientras escribía esta segunda edición, conversaba con el director de mi editorial, Xavier Cornejo, acerca de mi crecimiento en el negocio y la pérdida de personas que he tenido a mi alrededor. Este me dijo: "Si una persona se fue no es porque no te valoró, simplemente la lección ya te la enseñó". Ya comprendo muchas cosas.

El mundo es como un rompecabezas donde cada uno llena un lugar con su propósito y su talento. El rompecabezas está incompleto. Te falta ocupar tu espacio. Te lo debes a ti. Se lo debes al mundo. ¿Cuándo arrancas? Hay un mundo allá fuera esperando por ti.

ACERCA DE LA AUTORA

Verónica Avilés es la principal "influencer" de Ecommerce en Puerto Rico y una de las líderes destacadas en Latinoamérica y Estados Unidos. Certificada como "professional speaker" por el experto en liderazgo #1 del mundo, John Maxwell, es autora de los libros *bestsellers* de Amazon, *La magia de reinventarte* y *La magia de crear tu tienda online*. Es *Top Podcaster* en más de diez países alrededor del mundo en la categoría de marketing y creadora del programa más exitoso de comercio electrónico: Ecommerce Avanzado.

Motivadora y educadora, le interesa genuinamente compartir sus conocimientos para ayudar a las personas a descubrir el triunfo de la independencia personal y otros beneficios de la vida empresarial.

Los deseos en la búsqueda de su libertad y total dominio de su tiempo la movieron a pasar al mercado digital, donde se ha distinguido en la creación de negocios en línea, tiendas virtuales y manejo de redes sociales de negocios.

Nació en San Juan, Puerto Rico y obtuvo su bachillerato en la Universidad Politécnica de Puerto Rico, en el 2012. Fue aceptada como miembro del Colegio de Ingenieros de Puerto Rico, en el 2013. Graduada como ingeniera ambiental, trabajó durante cinco años en la Autoridad de Acueductos y Alcantarillados de Puerto Rico (agencia de tratamiento y distribución de aguas) como supervisora de Operadores, Control de Procesos, Conservación y especialista de Cumplimiento.

Puede seguirla en las redes sociales, Facebook e Instagram y su canal de YouTube como Verónica Avilés, y disfrutar de vídeos educativos, reseñas de libros y más. Visite su blog: www.veronicaaviles.com para obtener guías para el desarrollo de negocios en línea, artículos de opinión y adiestramientos para el manejo correcto de redes sociales y plataformas de *e-commerce*.

CONÉCTATE CON VERÓNICA AVILÉS

Website: Veronicaaviles.com
YouTube: YouTube.com/veronicaaviles
Instagram: Instagram.com/veronica_avilessm
Facebook: Facebook.com/veronicaavilessm
Pinterest: Pinterest.com/veronicaavilessm
Webinar (class gratis): comienzatutienda.com
Creadora del programa Ecommerce Avanzado
Website: ecommerceavanzado.com

Podcast: Hablemos Ecommerce (Apple podcast y Spotify)

Libro: La Magia de Crear tu Tienda online
Tienda online: ecompresarios.com

www.ingramcontent.com/pod-product-compliance
Lightning Source LLC
Chambersburg PA
CBHW030113240426
43673CB00002B/68